中国盐政史

曾仰丰 著

中国出版集团
東方出版中心

图书在版编目（CIP）数据

中国盐政史 / 曾仰丰著. —上海：东方出版中心，2020.12

ISBN 978-7-5473-1724-2

Ⅰ. ①中… Ⅱ. ①曾… Ⅲ. ①盐业史－研究－中国 Ⅳ. ①F426.82

中国版本图书馆CIP数据核字（2020）第215264号

中国盐政史

著　　者　曾仰丰
丛书策划　张爱民
责任编辑　张爱民　陈哲泓
封面设计　钟　颖

出版发行　东方出版中心
地　　址　上海市仙霞路345号
邮政编码　200336
电　　话　021-62417400
印 刷 者　山东韵杰文化科技有限公司

开　　本　890mm×1240mm　1/32
印　　张　8.125
字　　数　149千字
版　　次　2020年12月第1版
印　　次　2020年12月第1次印刷
定　　价　65.00元

凡　例

一　“中国社会经济史文库”收录民国时期出版的中国社会经济史方面的著作,这些著作为知名学人所著,并有开宗立论地位,惠及当今学术和大众。

二　入选著作内容、编次保持原貌,编辑底本以民国时期初版原刊或此后影印本为主,若有作者修订本则以修订本为准,另参校他本,以正讹误。

三　原书多为竖排繁体,本文库均改作横排简体,以便读者阅读。目录与正文不统一等明显排印舛误,则予径改。原书中无标点或仅有简单断句者,一律改为新式标点。

四　各时代均有其语言习惯,本文库遵照原本,不按现行用法、写法及表现手法改动原文;原书中凡人名、地名、术语、译名与今不统一者,也不作改动;作者引文时有省略或更改,倘不失原意,也不以原文改动引文。但如确系作者笔误、数据计算错误、外文拼写错误、标点错误等,则予径改。其他情况,则以“编者注”的形式作脚注,进行说明。

五　因年代久远导致字迹模糊以及纸页残缺等,所缺字用“□”表示;字数难以确定者,则用“(下缺)”表示。

序

昔史迁传货殖，述及食盐之运销，孟坚志地理，备叙重要之产区，论古者已推为盐史之鼻祖，要属于一时一事之记载。厥后杜君卿之《通典》，马贵舆之《通考》，撮取盐事，叙列于篇，而历史食货之志，列朝会要之作，皆于盐法有所纂录，虽历代沿革，可资考证，然依类分载，非专书也。明弘治时，创编芦东淮浙等区盐法志，清时续有增补，民国复事编纂，固专属于盐务，但区自为书，且以一代为断；其他私家撰述盐事者，亦复著作如林，然大都依年记事，分代论列，欲求上自往古，下迄近今，就盐政之重要变迁，以事为纲，具有系统之记载者，初无闻焉。今春商务印书馆就商于余，属编一盐史，须便于学子之研讨者，余自惭学谫，曷敢操觚，第以盐为人人日用所必需，一举箸间，实为财政命脉所系，国家存亡所关，矧以新法行将实行，政府方力谋整理，用不揣固陋，将古人所行之盐事，略分系统，拉杂书此以献，聊供关心盐务者减省检讨之劳而已，是为序。

例　言

一、为便于学者参考起见，是书分为盐制、盐产、盐官、盐禁四篇，至于民国以来盐务之改革，以及盐务之最近统计，则列于附篇，以资参考。

二、是书取材于各史食货、职官、地理、各志，《通典》《通考》《通志》各书，各盐法志及左君树珍之《盐务讲义》，盐务总所及盐务署印行之《盐务实录》《盐务年鉴》，丁恩改革盐务报告书暨盐务档案文书等。

三、是书以记事为主，其有须加说明者，亦偶及之，以期明晰。

四、是书事实，截至二十五年八月为止。

五、是书担任分篇编集者，盐制为叶君屏侯郭君民源，盐产陈君季梓、盐官左君习勤，盐禁史君渭渔，特此鸣谢。

六、是篇仓卒成书，难免误漏，尚祈读者匡正。

目　录

第一章　盐　　制

中国盐制，代有变更。而一代之中，或因时而屡易，或因地而各殊，纷纭复杂，诚不胜其枚举；然归纳言之，要不外无税、征税、专卖三种制度。无税制。谓盐为人生日用所必需，对于吾人身体上之健康，至有关系，且无他物可以代替，非惟不宜专卖，且不宜征税，应听人民之自取自给；行此制者，为三代以前及隋代唐初是也。征税制。谓盐虽为人人日用不可缺，然所需之量甚微，其负担之加诸民者虽创痛而非深钜，其征收时视他税为简易，而所入至丰，宜榷之以为军国之用。大率在产地征收，国家征税以后，任民自由贩运买卖，不加限制。行此制者，若夏商周三代、秦及汉初与东汉六朝是也。专卖制。谓盐为大企业，不宜由商擅其利，居间剥削，应收归国有，以国有营业代租税，既可免资本家之专利，又可轻人民之负担，且以增国库之收入。其制亦可分为五种。一曰一部分官专卖，亦即狭义专卖。以民制为主，官制为辅，凡民制之盐，须由政府尽数收买，由官运销。若春秋时管子之法是也。一曰全部官专卖，即广义专卖。凡产制运销，皆收归政府，完全为国有营业。若西汉武帝时之制是也。一曰就场官专卖，亦可称为间接专卖。产制归民，由政府收买，转卖于商，归其运销。若唐代刘晏有宋中叶及金元与明万历以前之法是也。一曰官商并卖，亦可称为混合专卖。将行盐地方，划分为二，一由官运官销，一归商运商销，各有经界，不相侵越，如五代宋初及辽、金、元之法是也。一曰商专卖，亦可称为两重专卖。即政府将收买运销之权，授之专商，而居间课其税。如明末及清代之制是也。民国盐制，虽未明定，考其二十年来，对于整理场产，开放引岸，整齐税率诸端，均次第进行，似采取征税制，然在《新盐法》（二十年五月三十日公布）未实行以前，重要各区，盐之运销，多有专商及引岸，仍应认为商专卖制。爰将各制源流沿革分述如次。

第一节　无税制

三代以前，俗淳事简，山海之利，未有禁榷，自邃古以至唐、虞，凡二千二百六十九年，皆为无税时代。《史》称："黄帝之世，人民不夭，百官无私，市不预贾，城郭不闭，邑无盗贼，相让以财。"盖当时人类，得共有天然一切产物，尤足为自由制之征焉。

隋文帝开皇三年，除禁榷，通盐池盐井，与百姓共之，遂复无税制。唐初沿隋之旧，国用所资，皆赖租调，租调以外，概不税敛。自隋开皇三年迄唐开元九年，其间共一百三十七年（唐开元初左拾遗刘彤请榷收盐利，为议者所阻，事不克行），均未征收盐税，为无税主义。此实我国盐政史上值得纪念之一大时期也。

第二节 征税制

榷盐之制，始于有夏。《禹贡》载青州厥贡盐絺。夏时有贡而无税，贡，即税也。商因夏，周因商，《周礼》太宰以九赋敛财贿，九贡致邦国之用，九贡之中，其九曰物贡，物贡云者，即征税于鱼盐橘柚等杂物之谓。是则三代榷盐，同为物贡，固皆属于征税制。盖彼时为封建制度，诸侯岁有常贡，各以其地之所征，贡于王室，盐为地征之一，则贡其所有，以资国用焉。然其时税敛甚轻，且系征取本色，对于盐之产制运销，皆是听民自由，仅在产地设有虞衡之官，掌其政令，许民以时采制，并不与民争利。春秋时，除齐国用管子之法，行专卖制度外，其他各国之盐法，大都循周之旧，采用征税制。秦用商鞅法，废井田，将山泽之利，尽行开放，民得买卖，产制运销，听民自由，惟征税过重，盐价昂贵。《史》载当时盐利收入二十倍于古，盐商且富累钜万。其苛征横敛，民困可知矣。

西汉在未改专卖以前，仍行征税制，盐税之重，不减于秦，小民困病，盐商专利。董仲舒谓："秦用商鞅之法，改帝王之制，民得专川泽之利，管山林之饶，荒淫越制，逾侈以相高，邑有人君之尊，里有公侯之富，盐铁倍税，小民贫困，汉兴循而未改，宜塞并兼之路，盐铁皆归于民，薄税敛以宽民力。"盖重税虽行，商人得转嫁于民，乘时射利，于盐商仍无所损，所谓利不归国，徒损于民，盐税之不宜过重，即此其征矣。

东汉时，光武除专卖之法，弛私煮之禁，任民制盐，自由贩运，于产盐较多之郡县，设置盐官，征收盐税，其法与近代就场征税制相似。中经章帝建初末年至章和二年之六七年极短时间行专卖制，自后由和帝永元元年迄献帝建安三年，凡一百有九年，均行征税制。晋迁江左，南北遂分。南朝东晋行征税制，宋、齐、梁、陈，沿而未改。北朝于后魏延兴时，仿南朝制度，亦行征税。厥后屡废屡兴，乃无常制，水熙以降，国分为二。西魏犹行征税，宇文周继之，亦未改制。盖南北朝时代，除东魏高齐于沧、瀛、幽、青四州行专卖外，大都主行征税制，固可知也。

隋初尚依周制，收取盐利，盐池盐井，悉禁人民采用，开皇三年，罢除盐禁。唐开元十年，复行征税，凡三十余年。隋、唐间之无税主义，至此遂替。

第三节 专卖制

盐制阶段，先始于无税，后变为征税，再变而为专卖，专卖复变为征税，征税复变为无税，三者如循连环，终而复始，今就专卖制略为分析如左①。

第一目 一部分专卖

春秋时，管仲相齐，谨正盐筴，创官海之策，行专卖之制。其制盐法，有官制、有民制，大都滩场散漫之地，则归官制，其整聚之

① 原书为竖排排版，故称“如左”。今作横排排版，保留相关表述，下不再说明。——编者注

处易于管理者，则归民制。但以民制为主，官制为辅，凡民制之盐，仍由政府收买，归官运销，故称为一部分专卖。“请君伐菹薪，煮沸水为盐”，此有官制之证也。“山林梁泽，以时禁发，草封泽，盐者之归，譬若市人。”此主要盐产属于民制之证也。其卖盐法，则无论本产或由外输入，均归政府统制经营。如“积盐以令粜于梁、赵、宋、卫”，是内盐出境由政府运销之谓。如“通东莱之盐，而官出之”，是外盐输入，亦由政府收买出售之谓。他如孟春既至，农事将起，禁北海之众，无得煮盐，此为限制盐之产额，使供求得以相应。综算人口数目，虽少男少女食盐，皆欲计之，此为确定国家之收入，且使人民负担得以公允。管子之意，以盐为人民日用所必需，若明令征税，则人民鲜有不疾首蹙额呼号相告，以图抵抗者，不如寓租税于专卖之中，使人民于不知不觉之间，无从逃脱，则盐利收入，其数必钜，公家可不必另筹税源，而国用已足，此乃专卖制之优点，故《海王》一篇，实为千古言盐政之祖。《史》称管仲设鱼盐轻重之利，齐人皆悦，则其法之美善，固可知矣。

洎春秋末，盐制复变，将民制之例，完全改为官制，尽夺民利，卖价昂贵，故晏子对齐景公语，有“薮之薪蒸，虞侯守之，海之盐蜃，祈望守之，征敛无度，人民苦病”之言，盖极言其苛也。齐自桓公至景公时，凡一百八十余载，虽行专卖，已非当时之旧。厥后陈氏蓄谋僭窃，利用盐政，厚施于民，以小斗受之，而以大斗与之，卖盐价格贱于公家，行之数年，齐政卒归陈氏。迨夫战国，而齐犹以负海之饶，号称强大，虽曰地利，毋亦管子遗法有以致之欤。

第二目　全部专卖

西汉武帝时，内修法度，外勤远略，频年用兵，财用不足，而盐商富累钜万，不顾公家之急。元狩四年，御史大夫张汤建议，笼罗天下盐利归官，抑豪强，塞兼并。又因产盐滩灶，悉为豪富占有，于是收归政府，官自煮盐，与管子法中有归民制者不同。又官自转输销售，并不假手商贩，产运销三项，均完全国营，故称为全部专卖。其制盐法，由公家备煮盐器具，雇民煮盐，给以工费，后世煮盐有用官镦官锅及发给灶丁工本钱之例，或昉于此。其卖盐法，则设盐吏坐列市肆，贩物求利。盖当时因征税制度，行之既久，积弊已深，必须澈底改革，方能湔除积弊。惜其仍多用旧商，筦领盐事，立法虽善，而行法非人，故盐价昂贵，致有强迫人民卖盐之举，本以除弊，转以滋弊，此《盐铁论》所由作也。元封元年桑弘羊领大农，筦天下盐事，以各吏争市，盐价腾贵，私贩乘机牟利，官盐滞销，盐利所入，几不敷其费用，乃请置大农部丞数十人，分往各县，平均配运，调节盐价，专卖制度济之以平准法，弊始少革，国用乃赡。昭帝始元六年，诏举贤良文学，问民疾苦，皆对：愿罢盐铁官，无与天下争利。弘羊难之，以为此国家大业安边足用之本，实不可废。昭帝卒依弘羊议，仍行专卖。自是以后，宣、元、成、哀、平，五世相承，未之或改。综计西汉自武帝元狩四年起，至平帝元始五年止，行全部专卖制者，历一百二十有五年焉。

王莽篡国，命县官售盐，仍行专卖。产盐一项，于官制之外，复有民制，似又属于一部分专卖制。惟附会经文，依《周礼》地贡之说,人民所制之盐,须计息出贡,既行官卖,复令人民出贡,殆成一种征税专卖之混合制。

东汉章帝时,以军费增加,用度不足,依尚书张林之议,曾一度官自煮盐,仿武帝旧制,行全部专卖。厥后魏、蜀、吴三国以迄于西晋,均趋重专卖制度。北朝之东魏高齐,亦行专卖于沧、瀛、幽、青四州。虽其条目,不可得详,然晋承魏,魏依汉,则其为全部专卖,可断言矣。

第三目　就场专卖

就场专卖,创于刘晏,盖本于第五琦,又实源于颜真卿。唐天宝末,禄山反,河朔州郡,尽为所陷,肃宗即位,真卿为河北招讨使,因军费困竭,乃收景城盐景城即今河北沧县,运销诸郡,以资军用。至德乾元间,第五琦循用其法,推行诸道,国用以饶。自开元十年行征税以来,至是复变为专卖。琦法,凡制盐之人,须经政府许可,著其户籍,名曰亭户,亭户所制之盐,悉数由官收买,更由官转卖于民。质言之,所谓制造归民,运销归官是已。宝应时,刘晏继之,就琦旧法,略有变通,盐仍归民制,仍由官收,但将官运官销,改为商运商销,由官将在场所收之盐,寓税于价,转售商人,商人于缴价领盐后,得自由运销,即民制官收官卖商运商销五大纲领,若以今语释之,实为就场专卖制,比之管子及汉武专卖法,形式虽同,精神各异。盖管子法以民制为主,官制为辅,晏法为纯粹民制,管子为官运官销,晏法为商运商销,此管刘不同之点,而其为官收则相同也。至若汉武盐法,制造运销,悉归于官,完全为国有营业。然官自煮盐，官自卖盐，论者谓其垄利过甚。晏法则仅官收其盐，仍由商运销。既不夺盐民之业，亦不夺商贩之利，为专卖制中之最善者也。抑又考之，刘晏治盐，其事例多有足为后世取法者，特举其显者数端言之。盐政整理，在于得人，不在官多。刘晏以盐吏多，则州县扰，故其总领盐政，首以省官为第一要义。《唐书》言："晏所辟用，皆新进锐敏，尽当时之选。即有权贵，或以亲故为托，晏亦应之，俸给多少，必如其志，然未尝使任事务。'晏谓士有爵禄，则名重于利，吏无荣进，则利重于名，'故检校出纳，一委士人，吏惟奉行文书而已。所属官吏，虽居数千里外，奉教令如在目前，寝兴晏语，无敢欺绐，四方动静，莫不先知。"此其用人之方，足以取法者一。盐产于场，整理场产，实为治盐之本。晏当时领东南盐务，凡属海盐，皆晏主之，而山南道属所有井盐，亦有归其兼领者，产区不为不广，然所设盐监，仅有嘉兴、海陵、盐城、新亭、临平、兰亭、永嘉、大昌、侯官、富都十处，大都择旺产之地置吏及亭户，其卤淡产稀者则行消灭。此其整理场产之方足以取法者二。晏既采用商运商销，然商人重利，大都趋易避难，僻远之地，不免有缺盐之患。故晏转官盐于彼贮之，以备不时之需，如商绝盐贵，则减价以粜之，名曰常平盐。其始也，场无弃地之货，其既也，市无骤涨之价，民无淡食之苦。其终也，官获其利而民不知。此其常平盐之法足以取法者三。采行专卖，官收场盐，必须多建仓栈，以为场盐贮积之所。故晏于吴越、扬、楚、设立盐廪至有数千之多，既可杜场盐之透漏，又可免销市之缺乏。此其多建仓栈之制足以取法者四。晏法就场粜商，纵其所之，固无引界之说，为自由运销。然于场灶之漏私，商人之夹私，未尝不设法查缉，故于监场之外，酌择要地，别设巡院，凡十有三，曰扬州、陈许、汴州、庐寿、白沙、淮西、埇桥、浙西、宋州、泗州、岭南、兖郓、郑滑。一以防止私盐，一以调节盈虚。《唐书》言："诸道巡院，皆募驶卒，置驿相望，四方货殖低昂及地利害，虽甚远，不数日即知。"此其布置缉私之方，足以取法者五。他如蠲除加榷盐钱，使民无复税之累，禁止堰埭邀利，以轻商人负担，此皆足为后世治盐者之借镜。《史》称："唐当代宗之世，兵事未息，赋税所入，不足供济，晏专用榷盐法，充军国之用，凡宫闱服御，百官俸禄，全国军饷，皆倚办于晏，敛不及民，而用度足。"于此可想见其法之美善者矣。

德宗建中时，刘晏既罢，盐法渐紊，其时两河用兵，军费日增，贞元四年，淮南节度使陈少游奏加盐价，诸道踵之，于是盐价寖贵，远乡贫民，困于高估，有以谷数斗易盐一升，甚至有淡食者；而各场产盐，政府又不能尽收，以致亭户售私，私盐充斥。长庆二年，户部侍郎判度支张平叔请改为官自运卖，盖欲恢复第五琦之旧。其法：于州县附近之处，令州府差人自粜官盐，于去州县较远之乡村，则令"所由"所由乃掌管官物之吏，因各事必经由其手，故曰所由将盐就村粜易，其价由官定之，每斤为三十文，每二百里，每斤收加二文，以充脚价，量地远近险易，加至六文为止，若脚价再有不足，则由官补出。平叔之意，以此法若行，则不问贵贱贫富，士农工商，道士僧尼诸色人等，凡食盐者，无一人能遗漏，则收入必多，岁计必有所余。穆宗诏令公卿议其可否，兵部侍郎韩愈则逐条论驳，中书舍人韦处厚亦发十难以诘之。穆宗称善，以示平叔，平叔屈服，其事遂寝。盖自建中初至大宗末八十年间，官收官运，法虽未改，而加价厚敛，积弊已深，实非晏之初制矣。

宋仁宗庆历末年，范祥因官搬折中，两俱败坏，乃创行“盐钞法”，主商运商销，仍为就场专卖制，比之刘晏法，只多一种买钞手续，其法，将官卖各地概改通商，沿边州郡入中刍粟，一律停止。专令商人入中现钱，计钱给券，名为盐钞，划一斤重，印书钞面，商人输钱买钞，按钞支盐，由场验明钞券，照数给运，虽名盐钞，实为一种钱券，所谓现钱法也（类如现代之收税凭单）。尝考范祥钞法，其优点有四。以现钱入中，而不以刍粟，可革高抬之弊，此其一。改官搬为商运，可省数十州郡搬运之劳，乡户得免于赔累逃亡，此其二。视产盐之数量，为出钞之多寡，盐有定额，钞有定数，可杜虚估浮发之弊，此其三。商人于支盐后，须运往钞券内所载地点行销，是为有限制之自由贸易，既杜壅塞，复绝居奇，此其四。此外复师刘晏常平盐之遗意，于京师设都盐院，置库储盐，盐价低时，则敛而不发，如盐价昂贵，则大发库盐，以压商利。古今盐制之善，无如刘晏，善师晏者，无如范祥，后世引盐票盐，其源皆出于钞盐，故自刘晏以后，范祥钞法，亦足称焉。

崇宁时，蔡京用事，改行“换钞法”，更印新钞，收换旧钞，实行对带贴纳之例，凡以钞至者，每十分内令输现钱数分，谓之“贴纳”。换给新钞，仍带旧钞数分，谓之“对带”。复创立引制，有长短引之分，凡商人输钱请长引者，许往他路行销，就所指州县卖之。请短引者，只许行销本路，于近场州县售卖。秤放盐斤，官为掣验。又定装运新例，凡商人运盐，概以囊贮，谓之“官袋”，每盐一袋，限定斤重，即以一袋为一引，并严封印之法，盐袋只用一次，禁止再用，受于场者，管秤盘囊，支于仓者，核对引据合同号簿，囊二十，则以一折验，后世掣验之例，即始于此。其合同递牒，仍给商人收执，有欲改指别场者，并批销号簿及钞引，仍用合同递牒，报所指处支盐，随引护运，后世指场配销之法，实源于此。缴销引目，长引限一年，短引限一季，各视道路之远近，以为时日之期限。有特别事故，得予展限，限竟，盐未全售者，即行毁引，盐没于官，此为引制之起源，质言之，即为一种新钞。故当时盐引，亦曰钞引。大观政和间，因出钞过多，新旧紊乱，乃视其全用新钞或带旧钞及完全现钱者，以定给盐之先后。洎宣和初，钞法屡改，初用对带法，后又变对带为“循环”。循环者，已卖钞，未授盐，复更钞，已更钞，盐未给，复贴输钱，前后凡三输钱，始获一货之值，民若无资更钞，则从前已输之钱，悉为官没收，往往有朝为豪商，而暮侪流丐者，攘利罔民，莫此为甚。宣和二年，王黼用事，循用蔡京弊法，改行新钞，所有旧盐，须贴纳对带，方许出卖，初限两月，再限一月，剥下益上，甚于盗贼，未几而靖康之祸作矣。南渡以后，建炎初年，仍用对带法，三年复改贴纳法，绍兴间，则“对”“贴”并行，而建炎旧钞，支尚未绝，又立“并支法”，视缴资先后，依次支给。淳熙时，复改用循环钞法，庆元初，又罢除循环，改增剩钞，名为“正支”，亦以缴资次序，先后支盐，盖南宋钞盐，虽多变更，大都循用蔡京贴纳对带循环之制，直为残民之具，不足以言法也。

辽之盐制，采用征税。金初遁辽之旧，至贞元二年，始仿宋钞引法，设官置库，印造钞引，盐载于引，引附于钞，钞以套论（当时有大套小套之别，石数多者为大套，小者为小套。），引以斤计，至零星盐斤，则别给小钞引给之。商人行盐，按引缴价，请领钞引，赴场支盐，批引则盐司主之，缴引则由各州县主之，此与宋时盐钞正复相同。

元起漠北，政事简易，盐税甚轻，初入中原，仿宋折中之例，募民入粟，优其值，给以盐引，继复改为现钱，按引收价，凭引支盐，仍为就场专卖制。中统四年，以近场州县，私盐充斥，遂仿"食盐法"，计口授盐，于是有行盐地食盐地之分。凡通商各地，商人买引领运者，名曰"行盐地"。近场各地，由官司派散民户者，名曰"食盐地"。然按户派散，不免抑配，追呼诛求，固食盐法之弊也。至元二十一年，以行盐各地，商人垄断牟利，民食贵盐，穷民类多淡食，乃设立常平盐局，以平盐价。凡额定盐数，半给商支，半归常平，盐斤配运，先尽常平，次给商贩，自此官卖制度亦与商卖并行。至商贩售盐，则大都仿崇宁大观间之制，而予以变通，专用盐引，不复用钞。其法：户部主印引，运司主卖引，每年按照所销引额，由部印造，颁发各路运司，用运司印信，各照行盐区域，随时填给商人"勘合"，勘合即合同，宋曰合同，元曰勘合，每引一号，书前后两券，用印钤盖其中，折而为二，以后券给商人，谓之引纸，以前券作底簿，谓之引根，凡商人到场支盐，照号覆勘，验其合否，故有勘合之称，犹今之收税凭单与运照，出场有掣簿，过所有批簿，行盐有水程，验引有截角，每引一张，只准运盐一次，盐已卖尽，随即退引，限五日赴所在地方官缴纳，如违限匿而不缴者，同私盐处断。立法之严密，视宋犹有过之，故引制之行，肇于宋而实备于元。其时场盐出产，岁有定额，盐户依额制办，输纳于官，由官酌给工本钱，盖沿宋旧例，行民制官收法也。至元二十四年，僧格为相，加收盐课，引价日增，先是每盐一引，值中统钞九贯，迨延祐二年，每引累增至一百五十贯，官盐既贵，则私盐愈多，而当时军人，复违禁贩私，权豪亲贵，更托名买引，或夹带斤重，或增价转售，借势营私，百弊丛生，兼以课额愈重，办课愈难，各场余盐又复积滞不销，于是推广食盐区域，强配民食，不分贫富，一律散引收课，农民有粜终岁之粮，不足偿一引之价者，玩法扰民，莫此为甚。至顺二年，因钱法日坏，钞本日虚，而征收盐课，概以钞纳，引价虽增，无异虚估，乃将盐课以十分之一折收现银，钞价愈贱，得银愈艰，征敛无度，民生益困。至正间，始罢免食盐，及抑配余盐，然民困已深，祸机潜伏，盐枭张士诚、方国珍等倡乱淮、浙，揭竿一呼，而元社遂屋，读史者谓元之亡，亡于盐政之紊乱非无故也。

明初盐政，循元旧制，洪武元年，整理场产，签民为灶，按户计丁，名曰盐丁，按丁计盐，名曰额盐，每盐一引，岁给灶户工本，不许私卖，凡属灶户，免其杂役，有唐时民制官收遗意。三年，以筹备边储，虽行“开中法”而场盐官收，仍为就场专卖制。开中者，乃仿宋之折中而变通之，其法：令商人输粮于边，给以盐引，谓之开中。凡遇缺粮地方，先由户部出榜，召商输纳，编置勘合及底簿，分立字号，一发收粮机关，一发各转运提举司，商人于纳粮后，由收粮机关将所纳粮数及应支盐数，填给仓钞，由商人持投各转运提举司比对相符，按数给引，派场支盐，自行运售，其掣放截角缴引及发给水程等手续，均仍元旧，惟元制买卖盐引，须用现钱，此则纳粮取盐，为一种盐粮之兑换券，盖利用商人运粮，充实边储也。当时开中商人，并就各边地招民垦种，建筑台保，自相保聚，谓之“商屯”，寓屯于盐，实为殖边之妙法。永乐初专于京卫开中，其余各处，悉行停止，此法一行，已失殖边之初旨。既而因大军征安南，军粮不敷，饷需难继，复令各边依旧召商中盐如故。又以出钞过多，物重钞轻，乃行“食盐纳钞法”，按户散盐，计口收钞，每户大口月食盐一斤，纳钞一贯，小口半之。其意固欲救济钞弊，实则转增盐弊，徒为民害。洪熙初，仍以钞法不通，权令各处中盐，一并纳钞。宣德初，停止纳钞，复行纳粮。正统初，以商人赴各场支盐，多寡悬殊，多则不敷支给，少则壅滞不销，于是酌议疏销，遂创“兑支”之例。其法：于淮、浙盐额不敷分配时，准许商人持引赴河东闽、广诸场支取。不愿兑者，听其守支。五年，仍因商人守支，年久不能得盐，中纳者少，复议补救之法，将盐分作常股与存积两种。淮、浙、长芦之盐，皆以十分为率，将其中八分给与守支商人，年终挨次行支，谓之“常股”。其余二分，则收贮于官，边防有事，召商入中，不分次第，引到即支，谓之“存积”。中常股者价轻，中存积者价重，商人因苦于守支，多争趋存积。由是常股之盐益形壅塞，而存积盐乃呈供不及求之象，于是更行“兑支法”，淮、浙未能支取者，配兑长芦、山东盐以给之，一人兼支数处，道路辽远，莫克亲赴，边商乃将盐引卖与近地之富人，自是有边商内商之分。内地守支者，谓之“内商”，赴边中引者，谓之“边商”，内商之盐，不能速获，边商之引，又不贱售，中纳渐怠，存积盐之壅滞，遂与常股等矣。兼以商人将盐引典当与人，名为“伙支”，转卖与人，名为“卖支”,或以假引卖与商人冒顶真引,或以旧引影射重用,弊端百出,不可究诘。成化间,李敏于畿辅、山西、陕西等州县,创“折银”之例,易粟为银,不之边而之部。弘治五年,户部尚书叶琪推广李敏之法,尽改本色为“折色”,召商纳银,汇解国库,分给各边,以济饷需。开中之法,由此变矣。先是弘治二年,以商引壅积,无盐支给,准许守支各商收买余盐,补充正引,由是正引之外,复有余盐,余盐者,乃盐户正课外所余之盐也。明初引制,商人支盐,例有定场,不得越场买补。买补之例,盖自余盐始矣。余盐价轻,领有勘合,即行支给,故愿中者多。正盐价重,且须挨次守支,耽延岁月,故愿中者少。利之所在,悉归权要,甚至奏开残盐。残盐者,谓以旧引而买余盐也。正德、嘉靖间,增添盐引,每正盐一引,准买余盐二引,余盐引目,倍于正额。余盐日增,正盐日滞,商灶俱困。奸黠者,借引为据,越場收买,勾结盐户,私制私贩,私盐盛行,积引益多。其时钞币已坏,所给盐户工本钞,无异败楮,乃将盐课改折,责令盐户,改纳银两。官收场盐之法,由此寖废,政府空卖盐引,引制精神遂失,而就场专卖制,亦随之以俱亡矣。

第四目 官商并卖

朱梁篡唐,是为五代之始,十余年间,尚循就场粜商遗制。沿及后唐,乃行官商并卖法于州府县镇各置榷盐场院,由官自卖,乡村僻处则许准通商,即商运商销之意因虑人民买盐,不能皆与官府直接交易官销或有不畅,于是巧立名称,按户俵配,以顾销额。凡州府县镇,计口授盐,谓之“屋税盐。”即按缴纳屋税之数目而授与盐斤并征取盐钱之谓乡村人户，计口授盐，照夏税限，随丝纳钱，谓之“蚕盐。”即在育蚕时期以盐俵散于乡村至放丝时纳钱之谓籍列户口，计口授盐，逐年俵卖，只准供食，不得转售，谓之“食盐”。名目既多，盐价复贵，强迫勒买，民甚苦之，此乃采用唐时张平叔之政策，而韩昌黎以为大不可者，至是已一一实现。后晋天福中曾一度核减盐价，除蚕盐外，诸道州郡按人户配征食盐钱，计其贫富，分为五等，自二百文至千文，废除官卖，一律通商，人民得将所配盐斤，自由贩卖，商民颇为称便。未几又于关津要路，征收过税钱，城镇店铺，征收住税钱，既纳盐价，又收税钱，盐税复征，盖始于此。开运初，复罢除通商，市易粜盐，仍归官场自卖，后汉继之，剥削益甚，后周显德间，城镇官卖，乡村仍许通商，其漳河以北，因逼近辽境，辽盐价贱，易于侵销，不得不弛禁，乃将配征人户食盐钱，均摊于田赋之内，名曰“两税盐钱”。后世课归地丁，实昉于此。综计后唐同光迄后周显德，仅三十余年，而盐制凡数变，大都官卖通商，二者并行。

宋初盐制，尚依周旧，及宇内统一，始废繁苛，乃明定官卖通商，得各随州郡所宜，以京西、陕西、河东、河北等处行通商，京东、淮、浙、广东等处行官卖，但无城镇乡村之分。其法：将盐户所制之盐，尽行收贮入官，由官发卖，官责各路，盐由官运，谓之“官般”。官般之法，差役乡户，使任运输之劳，另以里正一人主其事，名曰“帖头”，水陆转递，不胜疲劳。后复量资产之厚薄，定役法之重轻，贫者破产不能偿，往往逃匿，追呼督责，闾里骚然，此官般之弊也。雍熙间，以辽人数犯河北州郡，频年用兵，军需不足，因令河东、河北商人输纳刍粟于沿边州郡，谓之“入中”。凡商人于入中后，按道路远近，折合市价，优给其值，授以要券，谓之交引。引字名词，盖始于此。此项引券，定例由商人持赴京师，按照券面价格，偿付现钱，或移文江淮及解池，以盐偿之，谓之“折中”。明代开中法，实昉于此。端拱二年，又于京师置折中仓，听商人输粟京师，给以江、淮盐。其时京师有一种坐贾商，设交引铺，专以买卖交引为业，从中操纵，虚估刍粟，抑勒盐价，贱值买券取盐，以射厚利，此又折中之弊也。考官搬本以实州县，折中本以备边储，无如立法之初，规划未臻详密，而官商竞卖，矛盾滋甚，商人利于折中，高价入粟，贱值取盐，利归豪商，帑藏困乏，至是官卖通商，两法俱坏。

第五目　商专卖

明万历四十五年，两淮盐法疏理道袁世振以积引日多，乃师刘晏纲运遗意，创行“纲法”，疏销积引，分年派销，将商人所领盐引，编设纲册，分为十纲，每年以一纲行积引，九纲行现引，依照册上窝数，按引派行，凡纲册有名者，据为窝本，纲册无名者，不得加入。商人得专引岸之利，专商之制，盖源于此。其时官不收盐，政府所卖之引，无盐支商。乃令盐户将应纳盐课，按引缴银，谓之“仓盐折价”，商人支盐，即以此项折价给付，令其自行赴场购运。政府将收买运销之权，概授之专商，故称为商专卖制。是明代末季，实为古令盐制转变之划时期。世振又创减斤加价之法，以销积引。先是每引正余盐共重五百七十斤，定价纳银五两六钱，改纲后，每引减为四百三十斤，腾出引窝疏销积引定价纳银六两，论盐则每引反轻一百四十斤，论价则每引反多纳银四钱，故对于纲册登记之商，许其永占引窝，据为窝本，利之所在，人必趋之，所以纲法初行，商人争先认引，尚能收效一时。天启间，加征辽饷，引价益贵，增引超掣，恣意搜括。崇祯时，复加剿练诸饷，浮课日增，商资益竭，私盐盛行，而积引如故，盐制至是又坏。时给事中黄承昊欲有所改革，因时事危急，莫克实施，而明遂亡。

清承明弊，沿而未改，各省行盐，循用纲法，招商认窝，领引办课，引从部发，谓之部引，岁由各运司具文请领，于开征时由商人按引纳课，指定某场买盐，限期出场，其秤掣截角缴销等手续，悉沿明旧，凡各省沿海及有池井之地，均听民开辟，置场制盐，与商交易，定为民制商收商运，视其产之多寡，与其运之远近，以配引，而行于各岸，主行盐者谓之运商，主收盐者谓之场商，盐业之利，乃专擅于商矣。先是商人所认额引即窝数，皆应照额运销，应缴引课，皆须按年缴完，如有引未运完，课未缴足者，即将该商引窝革退，别募殷实商人接充，所欠课款，著落该商家产追赔，原有出结各官，交部严加议处。其无力办运者，亦照例革退引窝，另招新商，凡窝单均不准转租与人。是则专占引窝，例禁本严，无如历来盐官利有专商，于公可借资筹款，于私可遂其索费，每遇提议改革，无不力持反对，非曰招商办课，为国家大经大法，即曰根窝裁而失业者众，袒护商人，任其误运亏课，遂致商人借窝本之说，专引岸之利，子孙相承，世袭其业，由是占岸者曰“业商”租引者曰“租商”，代租商办运者曰“代商”，业商得以一纸虚根，坐收钜利，其“租”“代”各商亦复层层剥削，弊窦百出，此非尽纲引制之不善，乃盐务官吏贪婪纵容有以酿成之也。初入关时，以明末加派新饷练饷及杂项等名目甚多，深为商累，曾悉行蠲免，与民更始，照万历四十八年旧额，缴课行盐。顺、康间，因有前后三藩之祸，复行增课增引，以助军需，而兵燹之余，户口减少，额引难销，乃改行二引之盐，纳三引之课，带销带征，疲弊已甚，兼以盐务官吏，巧立名目，私取规费，积习成弊，积弊成例，是则盐务之弊，顺、康时已开其端。雍正元年，曾行禁革，将查出规费留充公用，仍令商人随引带纳，商累既未轻减，而盐官复于归公之外私行勒索，商受诛求，非拖欠引课，即高抬盐价，因而国与民交受其弊。二年，将各省榷运制度，量为变通，以广西僻远，商办欠课误运，乃改为官运官销。福建则裁商废引，将盐课摊归各场，由州县征解，其距场远者及近场各县改行官卖，余均就场征税，听民自由运销。广东场盐，改由官发帑本收买，裁废场商，仅留埠商运盐办课，其悬埠之地，则归官办。甘肃因土盐侵销官引，乃将引课摊入地丁，随同丁银征解，废引裁商，归民运卖。八年，以山东登、莱、青三属，附近盐场，私盐充斥，无商承运，因将商名革除，听民领票自行运销，应征课额，亦摊归地粮带征。九年，复以甘肃民运，窒碍难行，依旧招商。其时运销制度，虽有官运商运民运之分，征榷方法，虽有榷商、就场、归丁之别，要皆枝节为之，初无整个划一计画，且大多数行盐，仍以引商为主，故对于芦、淮、河东、山东、浙江各区，无所更改，仅将滞岸引盐，匀令畅岸通融代销，暂资调剂而已。洎乾隆时，用度奢广，报效例开，每遇大军需大庆典大工程，淮、芦、东、浙各商捐输，动辄数十万至数百万。总计乾嘉时各区盐商报效军需将及三千万，此外若河工赈务庆典等项捐输尤不可胜计加以南巡数次，供应浩繁，差费取给，出自商捐者居多。国家因盐商勇于报效，于奖给职衔之外，复加优恤，初则准其“加价”，继则准其“加耗”，以资调剂。然加价徒以病民，盖一加之后，不能复减，人人皆受其累也。加耗徒紊盐法，盖盐商借口加耗，捆载大包，任意多带，夹带日多，正盐日壅，盐法遂至败坏。其时商本偶缺，内府亦尝发帑金数百万，给商领借，俾资周转，谓之帑本，商交息银，谓之帑利，课项帑息，两重负担，商力已属不支，而报效款目，又复分年带征，款项愈繁，积欠愈多，各省盐务皆有不可收拾之势。说者谓前清盐法，坏于乾隆一朝，而其致病之原，实“报效”二字为阶之厉，诚笃论也。嘉、道间，军需报效，照例捐输，河工经费，复两次加征，商力益困。于是略事变通，陕、甘盐课改归地丁，云南则就场征税，广东则改纲归所，广东场盐雍正时原由官发帑收买，乾隆五十四年始行停止，改令商人公捐盐本收买，场盐运贮省仓，由省局总商经理配运分给六柜，谓之改埠归纲，及嘉庆十七年，裁去总商并将省局改为公所，配运缴课责成柜商，官不与闻，谓之改纲归所河东则仍旧复商，河东盐课于乾隆五十七年改归地丁嘉庆十七年改行招商山东则商运之外，辅以官运（山东滞销各地如临朐等，九州县于道光十七年改行官运，徐州、归德各属于道光二十九年改归官办）。惟两淮引多课重，销区最广，而积弊亦最深。两江总督陶澍因仿浙江、山东引票兼行，及云南票盐民运法（浙江、山东、云南等区票盐法系明嘉靖年间事），于淮北先行废引改票。其法：于场区适中地点，设局收税，无论何人，只须照章缴纳税课，即可领票运盐贩卖，规定每票一张，运盐十引，清初每引约以二百斤为率如请百引者，给票十张，至附近盐場则以百斤起票，其掣验等手续，略与引法相类，凡无票及越境者，仍以私论。厥后陆建瀛踵行于淮南，遂变引商为票商。其时于扬州设局，收纳课税，照淮北成例，每运盐十引，填票一张，以十张为一号，凡商贩请运自百引起至千引止，只须领票十号或百号，并不作为常额，所运盐斤，准在淮盐界内行销。盖票法主旨，在取消引窝，无论官绅商民，皆可承运，且在销界以内，无论何县，悉听转贩流通，所以革除专商专岸之弊，票课即在场内收纳，已等于就场征税，特因票课较轻，虑有侵销，以及交通状况关系，故行盐大范围依旧限定，不能任其所之，为一种有限制之自由贸易。自是论盐法者，咸以改引行票，为救弊良策。邵阳、魏源以讲究盐务，著名于时，两淮引票，多所擘画。其论纲商、票商利弊有云："票盐特革中饱之利，以归于商贩，故价减一半，而商仍有赢余。夫以疲乏之纲商，勉支全局，何如合散商之力，众擎易举。以一纲商，任百十厮伙之侵蚀，何如众散商各自经理之核实。以纲埠口岸规费，无从遥制，何如散商势涣，莫可指索。以纲商本重费重，反增夹带之私，何如散商本轻费轻，可收化私为官之益。总之，弊乃出于繁难，防弊必出于简易，此两淮所同，亦天下盐政所同，淮鹾明，而浙、粤、芦、潞之利害皆明，淮鹾效，而浙、粤、芦、潞之推行皆效。"又咸丰初年，户部疏陈引票利害，请将各省盐务，仿照两淮，通改票盐，事虽未行，而于票法纲法之优劣，论列甚详，其原疏谓："自设立长商即引商以来，各省官绅皆视盐务为利薮，或借口办公，巧为侵蚀，或受人请托，曲为通融，他若陋规黑费之类，不可枚举，且课项则有时展缓，而规费则无处减轻，浮费日增，成本日重，盐价日昂，销路日滞，私盐日盛，课额日亏，为今之计，欲增课必先畅销，欲畅销必先敌私，欲敌私必先减费，而欲敌私以畅销而增课，则又莫若改长商而行票盐。票盐之利，愈于长商者何也。长商受有管束，官吏因之侵渔，长商无可如何，故有费而盐日滞；票盐随时认领，官吏即欲需索，票商立许告发，故无费而盐易销，则减费即所以裕课，其利一。长商有费则盐价日贵，贵则不能敌私，而销路日壅；票商无费，则盐价日贱，贱则可以敌私，而销路日宽，则敌私即所以裕课，其利二。长商积疲已久，每致先盐后课，而课易拖欠；票商挟本而来，故皆先课后盐，而课无短绌，则免欠课之积弊，其利三。长商按纲领运，必挟资钜万，而后可以承充；票商量力纳课，即为无多，而亦准其贩运，则广民间之生计，其利四。长商则把持官盐，迫人以不敢不食，故盐多搀私；票商则各自销售，恐人之或有不食，故盐皆洁白，则便各省之民食，其利五。长商价重，则人愿食私，而枭徒因之以多；票商价轻，则人愿食官，而私贩因之以戢，则化天下之莠民，其利六。今两淮改票，既有成效，则各省亦可仿照成案，量加变通。虽因地制宜，情形各有不同，而销盐之地，食盐之人，初无稍异。惟变法伊始，总以裁费为要图，恐向日渔利之人，无利可获，必致借词阻止，摇撼百端，设各省大吏于盐务情形，未能深悉，或以浮词之眩惑，转致良法之中阻，请简居心公正通晓盐务大员，先择一省，前往酌量情形，仿照两淮，妥为筹办。不过数年，各省尽行改票，课额之增，将有加倍于今日者。”是当时公家官文书所载，及私人著述，皆谓票法优于引法，故两淮先后改票，均能行之有效。惜其时对于场产销区二者，未及澈底整理。议者谓其纲领是而条目非，不其然欤。咸丰二年，河东留原引商，改行票盐，就池收税。同治三四年间，左宗棠督抚闽、浙，亦将两浙、福建改行票运。时东南有事，长江梗阻，盐运不通，票贩星散，两江总督曾国藩乃改定票章，聚散为整。凡行鄂、湘、赣三岸者，须以五百引起票，名为大票。行皖岸者，须以一百二十引起票，名为小票。并于各岸设立督销局，规定“保价”“整轮”之法。保价者，盐斤到岸，由局经理批销，按销市之畅滞，酌量情形，核定价格，不准任意涨跌即今之牌价。整轮者，盐船抵岸，赴局挂号，按其先后，榜示局门，挨次发售，盐不到轮，毋得抢卖即今之轮档。由是承办票运者，尽属大贩，小本商贩，无力领运，而票法精神遂失。同治五年，李鸿章任两江总督，又因筹备饷糈，复将票法，参以纲法，就原有票商，报效捐款，当时核定西岸每引捐银一两四钱，皖岸一两，鄂岸六钱，湘岸五钱作为票本，准其继续递运，作为世业，不复再招新商，谓之“循环转运。”自此票商专利，同于引商，票捐增重，倍于窝本。其后马新贻踵行于淮北，杨昌濬更行于浙江，票盐良法，乃根本推翻，而纲法弊害，遂流传至今焉。其时百货抽厘之制兴，因复推及于盐务，谓之“盐厘，”肇始于两淮，其后各省皆仿行之，盐款收入，且持盐厘为大宗。光绪间，复叠行加价，或为赔款，或为练兵，或为要政，或为海防，或为抵补药税，或为兴筑铁路，因事立名，款目繁多，厘价并计，数逾正课，自此盐价日贵，私盐愈甚，官不敌私，引岸多废，不得不收归官办，若山东省之滕县峄县，河南省之归德九属及西、遂、确三岸，江苏省之铜山及淮、徐六岸，安徽省之滁、来、全及宿州、涡阳二县，长芦之永七岸、天津、武清二县及直、豫悬岸六十一县与大兴县之采育营，东安县之旧州营，广东潮桥之二十九埠及恩、开、新、阳与东江等埠，河东之陕、豫等岸，江西之建昌五属，福建之西北二路，及四川云南贵州之计边各岸，或因商倒引悬，或因防止私销，而先后改行官运。至若吉林黑龙江，则因设立行省，而行官运。口北、热河，则因并销蒙盐，而行官运。夫改行官运，本以济商运之不及，然而办运者，则扣费以入私囊，批销者，则卖私以取盈余。上下分肥，驯至所领官本，亦侵蚀殆尽，此官运之弊也。其时各区盐务，省自为政，或主官运官销，或主官督商销，或主民运民销，制度不一，毫无系统，要以官督商销，居全国之多数，官督仅有虚名，仍属商擅其利，所谓官运民运，亦皆因循敷衍，初无澈底之整理，二百六十余年，大都拘守纲法，专商积弊，遂与清相终始。

第四节　近代盐制之变迁

民国肇造，承清之弊，各省盐务未遑整理，枭贩活跃，倍蓰平时，加以省自为政，形同割据，统系之紊，实较晚清为尤甚。民国二年一月，政府审于整顿盐务，不容再缓，始于财政部附设盐务署及稽核总所，当时言盐法者，多以官运为主。盖有清之季，纲情疲敝，引岸多废，官贵私盛，不得不收归官办，以求补救，若山东之南运，长芦之六十一县，淮南之滁来全，河南之汲郑，广东之潮桥，及恩开新阳等埠，河东之陕豫两岸，淮北之汝光，及淮徐六岸，四川之滇黔边岸，皆先后踵行官运。此外犹有议办官运，尚未实行者，以官运言，或为官办，或为局办，归官办者，各地方官并不办运，率多招商代办，名为运伙，实同包商。归局办者，上下分肥，扣费卖私无所不至，实皆有害无利。二年四月，大借款合同成立，聘英人丁恩为顾问，任稽核总所会办，此为中国盐政聘用客卿之始。丁恩居英领印度久，治理鹾政，经验极宏。既就任，因上条陈于财政部，主张采用印度盐制，在产盐地方，管理场产，凡所产之盐，于未自盐场或政府指定之盐坨起运之先，直接收税一次，任其所之，不再干涉，以提倡自由贸易，减轻盐价为宗旨实即就场征税制。此议既兴，反对者蜂起，不惟旧商以权利所在，群起力争，而主官运者亦复一唱百和，是非颠倒，阻力横生，政府改革方针，遂亦因而迁延不决。

丁恩以二年七月出外调查，首至长芦，次及东三省，又次及山东，继巡扬子四岸，复至两淮，次年至两浙福建广东河东，其明年赴云南，陆行入川，随地实行考察，旋又巡视口北晋北花定诸地，凡中国产盐各区，无不身历其境，审知中国幅员辽阔，情形复杂，乃取渐进主义，所拟改革办法，如开放引岸，停止官运诸端，必以地方情形为依据，皆切实可行。至七年，丁恩虽去职，而稽核所组织，已具规模，所拟重要改革，仍能次第推行。惜未几内乱踵作，灾患频仍，稽核机关，横遭破坏，一切计画，由此停顿，及国民政府成立，恢复稽核所职权，始又入整理时期。迨民国二十年，立法院通过新盐法，可谓为盐史开一新纪元。惟中国地广人稠，地方情形各异，运销制度，亦大相悬殊，新盐法之推行，必各就其特殊状况，详加研究，始能规定相当步骤，此实新盐法不能立即实现之主因。兹将二十四年来各区盐制变迁情形，分区略述，言盐政者，或有取焉。

东三省　辽省五十九县，吉省四十一县，黑省四十三县，均专销奉盐，原为自由贩运。清末改建行省，吉黑始改办官运，辽省则以各地距场较近，仍行自由贩运，民国因之，至今未改。

长芦　长芦销岸，仍清之旧，皆系引商专运。额行之数，直岸永七岸共四十六万九千三百五十八引，豫岸十九万三千一百三十九引，共为六十六万二千四百九十七引，约合市秤四百十八万担。惟津武口岸，系由运使选商委任包办，至今承之。其永平七岸，则自道光时，已改官运。宣统末年，芦纲引商，因商情疲敝，滥借外债，无力偿还。政府将负债各商所认引岸，收归国有，改为官运。计清末长芦引地中，一百二十七州县营，为商运引地。六十一州县营，为官运引地。稽核所既成立，主张取消引权，改行自由贸易，已定三年七月一日实行。旧商肆力反对，政府恐过急生变，乃取渐进主义，先将官运引地中，直岸三十五县，口北十三县，豫岸十五县，计六十三厅州县营，嗣又增永平七县，豫岸四县，前后共为七十四厅州县营，于民国三年七月一日，开放自由贸易。试办如有成效，仍拟再将引商专岸，分期抽签取消，一律开放，实行自由制度。寻发觉已开放之官运引地，竟由长利公司包运，而长利公司只向芦纲公所购盐，转包散商运销，并不直接营运，显与开放精神违悖，乃于五年将长利公司取消。于时盐务署又欲令散商纳税运盐时，指明运达地点，先尽定额请运，以杜侵销邻岸，并令散商交纳保证金。又因大清银行债款关系，拟于开放区域，加价筹还。经此周折，而七十四县开放计画，竟告停顿，旋改由芦纲引商承办,名为芦纲公运。开放长芦引岸之计画既告失败,整顿全国盐务计画,亦因之大受影响。迨后,芦纲公所虽经取消,而开放之官运引地,复归包商认运,仍为有名无实。二十二年,长芦查验引票,除已开放各岸外,所有冀豫纲商包商,均经认缴验费登记,纲商由运使发给查验凭证,包商亦由运使发给部照。

河东　清末潞盐销岸,为山西之晋岸四十五县,陕西之陕岸三十六县,河南之豫岸二十五县,巩孟八县,共为一百一十四县。额定行盐六十三万五千八百三十九引,约合市秤二百零九万九千五百担,为官民并运。惟实际仍以民运为主,官运为辅,而民运各贩,亦皆世业相承,与专商无异。民国三年,晋岸四十五县,先后招商承包,六年陕岸渭北等十九县,官运引地开放,亦招商承包。渭南等十七县,仍旧由散商贩运。豫岸之洛阳等二十五县,系自由贸易。其巩孟八县,原为潞盐销地,四年改为芦潞并销,亦开放为自由贸易。晋北南部三十四县,原为蒙土盐销区,七八年间,开放芦盐后,十年又开放潞盐,成为自由竞销区域。

晋北　晋省太原阳曲以西,沁县隰县以北,绥省、武川、五原以南,共七十一县,皆属晋北盐区,在昔均销蒙土盐,为自由区域。清末平定等各州县,太谷等八县,先后借运芦盐,为官运商销。其时曾将各种蒙盐,芦、潞及本地土盐,划分口岸,统归官办,定为官运官销。民初,赓续规画,但实行仍多窒碍。民国八年,将包头至碛口,沿黄河东岸各地,九年将包头至磴口一带之蒙土盐,先后停止官运,改为自由贸易。芦盐行销晋北者,于七八年间,先后取消官运,改为自由运销。十年,晋北南部三十四县,又实行兼销潞盐，于是晋北成为自由竞销之区。惟中南路土盐，质劣产微，且极散漫，其征税办法，系按锅按月，包纳盐税，不计盐斤，名为自由运销，实又为包课制度矣。

山东 山东清末额行正引四十万零五百道，约合市秤一百九十一万三千二百担，票引十七万一千二百四十张，约合市秤七十九万九千八百担，共合二百七十一万三千担。运商有引商票商之别。而引票各地，又分官运商运二种。官运中有官办、有局办。局办者，设官运局，委员经理。官办者，即以地方官任行盐之事。近海产区，无商承运，由民贩肩挑驮负，各就本地销售，谓之民运。清末山东五十县，及江苏四县，系商运。山东三十九县，河南九县，安徽二县，江苏、铜山一县，系官运。东岸十八县，为民运民销。民国二年，稽核所成立，以官运多积弊，将官办各岸开放，招商租办。三年，又将局办南运各岸开放，招商租办。涛雒六县中，在清末、临沂、郯城、费县、为商办票地。莒县、日照、沂水，为官办票地。及官运票地开放，日莒两县，则改为民运民销。六年，六县改为东淮并销，并将临、郯、费、沂四县专商取消。七年，由东纲公所承运，八年，改由协和公司承运，二十年，复招商租办，二十一年，以专商销额短绌，将四县一律开放为自由贸易区域。民国十一年，青岛租界收回，行销胶澳盐斤，为民运民销。输出日本朝鲜盐斤，订有专约。永裕公司，为食盐输出之专商。万玉记等六家，为工业盐输出专商。是为指定商。

两淮 清末，淮北纲食岸，共行盐三十六万引，合市秤一百八十二万八千八百担。淮南纲岸，共行六十五万二千七百六十引，合市秤六百六十三万二千担。食岸共行六万九千六百四十八引，合市秤七十万零七千六百担。总共淮南北纲食盐额行之数，为一百零八万二千四百零八引，约合市秤九百十六万八千四百担。自同治间改票复纲，循环给运，于是票商多不行盐。大抵以所持之票，自由租典，而坐享其利。民初湘、鄂、西三岸，有大票一千一百零二票。皖岸，小票八百四十八票。照环运旧章，每年分春秋两纲，循环配运。仍沿从前之弊，前后套搭，积欠累累。至民国十五年之顷，四岸积运，已有五十七纲。若以当时现行税率计之，欠税已达二万五千余万元，他如淮北皖豫岸之专商，淮南食岸之食商，虽不若扬子四岸运商垄断之甚，然其潜势，亦足为改革之阻。两淮盐运，在民初属于商运者，有淮北之皖豫岸，为票贩。淮南之湘、鄂、西、皖四岸，为票商，亦称纲盐运商。外江食岸内河食岸，为食岸运商。属于官运者，有淮北之近场五岸，为官督商办。淮徐六岸及淮南之建昌专岸，滁来全专岸，为官运。当时近场五岸，为无税区，徐淮六岸，受五岸私侵，几于无税可收。稽核分所成立后，虽经定有收税办法，然因政令不一，亦鲜实效。直至民五六之交，始将五六两岸，先后开放为自由贸易区域。淮南之建昌专岸，于三年改行票盐，招商租办。滁来全官运，亦于九年招商租办。均以三年为期，至是两淮官运，完全停止。淮北皖豫岸，包括皖北十九县，河南汝光十四县，原为淮盐销区，运销向由票商垄断把持，从未足额。民国元年，皖督倪嗣冲，将皖豫改为芦淮并销区域，并自组同益及裕源两公司，运盐行销。票商反对甚烈。其时京汉铁路运输便利，芦盐南销，势难遏止。四年，政府从丁恩之请，取消皖豫票商专运，改为自由贸易，其引权票本四十二万六千零三十六两，议由政府于盐余项下提款发给，以后无论何商，凡招章完税者，均准贩运淮北盐斤。并定皖北十九县为淮盐销区，汝光十四县，为芦淮并销区域。其同益裕源两公司，亦于八月间，饬令取消。惟同时行政机关，竟有乘开放之机，订立新商缴租承运章程，令商人缴租领取贩盐特许证券，以为牟利者。开放自由，亦因而延搁，直至十年二月，始克将票权明令废止，实行自由贸易焉。淮盐积弊，本以四岸为最深。当辛亥革命之际，国中秩序大乱。执有引票特权者，皆停止运盐。民国二三年间，借运北盐之风甚炽。淮盐引岸之制，几濒于绝。于时，鄂省又有福利公司，由辽东运盐，至鄂行销，旧日运商专运专卖之利尽夺。后又改为恒利公司，及乱事平定，旧商群起力争，相持不决者久之。至五年五月，恒利公司取消，票商死灰复燃。使当引岸停顿之际，能利用时机，开放四岸，实行自由贸易，则积弊廓清，固易如反掌，政府计不及此，论者惜之。及十八年，财政部验票，按引征收验费，颁发查验凭证，于是票本益有保障。二十二年，稽核行政合并，始于鄂岸试办有限制之自由贸易，立淮盐售盐处于汉口，凡归处之盐，得不分精次，自由竞销。并将挨票轮销旧制，改为每月开提十五票为一档，按到岸先后，依次递开，已开各档，听凭各商提运外岸，或归售盐处销售，或留作柜销，不加限制。所开各票，无论已否售完，下月仍续开十五票，以促竞销。凡在鄂岸境内，无论何地，均准民贩，向售盐所自由贩卖。诚办以来，成绩甚著。湘、皖、西三岸，亦次第推行。二十二年十月，长沙、芜湖、南昌之售盐处，相继成立。

票本虽未能完全取消,然已渐进光明之路矣。山东之涛、雒六县,于二十二年五月,改归淮北管辖仍为自由贸易区域。

两浙 两浙自同治八年,苏五属招商复引,浙东西由票整纲,定为循环转运,于是票盐又废。清末行盐四十七万二千五百十七引,约合市秤一百八十万担。有纲引减肩住厘地之分。纲地在浙者,有富阳等三十四县,在皖者,有广德等七县,在赣者,有玉山等七县,由纲商承运。引地有苏五属之二十三县,及安徽之建平一县,(后改称郎溪)由引商承销。减地有苏五属之上、南、川三县及宝山之结一结九两图,亦为引商。肩地有杭县、余杭、海宁、崇德、海盐、平湖、绍兴、萧山八县,由肩商承销。住地有上虞、新昌、嵊县、余姚四县,由住商承销。厘地有温属六县,处属九县系官督商运,计斤抽厘。其台属四县,金属二县,处属缙云一县,宁属鄞县等五县,及苏五属之上海租界,系商运包厘,亦称厘地。定海及苏省之海门崇明,则又系地方包课。民国七年,平湖海盐两县,改肩为纲。宁属之鄞县、慈溪、奉化、镇海、四县,及宁海北半县,于三年七月规复引制,招商认办,称宁属引地。其象山南田二县,则仍为包商,至八年始实行开放。肩地之萧绍二县,六年改招商认办。十四年,绍兴招商认引,亦为引地。萧山仍旧开放,至十六年,又招商认包。台属鳌地各县,于三年废止包课,招商运销。十年一律开放。温处两属鳌地,十七年招商认包试办,二十一年撤销,同时开放,准散商自由报运。苏五属引商,当辛亥之际,地方不靖,停止运盐,苏绅自组公司,办理运销,引商既群起反对,公司亦因资本不足,陷于困境。于是两浙运使取消引商,设官盐采运局,试办官运。松江场盐，成本昂贵，难与余岱竞争。四年将官运停办，复归引商专运，惟上海租界仍为包商。属于特区者，有常阴沙、崇明、启东、横沙各岛。常阴沙向无官销，民国七年，划为特区，兼销淮浙盐，由专商承办。崇启向食淮私，七年始为浙盐引地。横沙各岛，为十八年新开辟之特别轻税区。以上除肩地住地鳌地外，所有纲地引地减地及常阴沙特区，均于十八年由财政部饬令按照近三年平均销额，分别征收照费，发给盐商执照。

福建　闽省清末改行票盐，商办票岸居其多数。惟泉州属之南安安溪二县，建宁属之浦城一县，永春州并所属之德化大田二县，为官办票岸。延平属之南平顺昌二县，邵武属之邵武、光泽、泰宁、建宁四县，为官商合办票岸。民国初年，废除商帮，改为完全官运，是为官专卖制。七年起，逐渐取消专卖，先将闽侯等二十六县开放，改为自由贸易。八年将霞浦等五县开放，九年复开放莆田等二十四县，自是闽省完全为自由区域。十一年冬，闽局纷扰，军人干涉盐政，运销大受影响。十六年冬，稽核分所停顿，运署改采官专卖并包商混合制度，税销益减。十八年冬，稽核机关恢复，因自由贸易未能遽复，仍暂行包商制度。迨二十三年四月，始将上游之南平等十八县，开放自由贸易。二十五年一月，福州之闽侯、闽清、永泰三县，亦开放自由贸易。嗣长乐、福清、莆仙亦开放，改官运商销。现时闽北、福宁、泉州各属，及厦门之石码云诏东山各属，均仍暂行包商制。漳浦一县，原为包商，十七年改为官专卖。岛屿渔盐，民元以来，几经改革，十八年改为包商制，二十一年复改为官专卖。又平潭一县亦为官专卖。

广东 粤盐引地，跨广东、广西、福建、江西、湖南、贵州六省，统分省河沿海两大区。内又析为中西北东平南六柜，及潮桥琼崖两区。省河区之中柜，配销南海等三十县，及广西怀集等四县。西柜配销广西苍梧等八十四县，贵州独山等九县。北柜配销英德等十三县，湖南之桂东等十一县，江西赣县等五县。沿海坐配区之东柜，配销惠阳等十县，及江西安远等五县。平柜配销合浦等四县及广西郁林等四县。南柜配销茂名等九县，及广西北流陆川二县。潮桥区配销大浦等十五县，福建长汀等八县，及江西石城等七县。琼崖区配销海南岛十三县。额定行盐八十一万四千五百十引有奇，约合市秤三百四十一万六千六百担。省河自改纲设柜，久未按埠定商，按商定引，清末通纲包饷，完全为包商制。辛亥革命之际，埠歇商散，乃将省河之中西北三柜开放，改为自由贸易，于民国元年一月开办。惟将中柜之恩春六县划出，与南柜平柜及东柜之东江海陆丰并归一商承包。中柜之香安两埠，即今之中山宝安，亦准商人认饷包承。四年取消各埠承商，始皆改为自由贸易。十三年，中柜之南海、番禺、顺德、新会、鹤山、东莞、三水、增城、龙门、花县、从化诸县，又定由商人认额包销。迨后恩春及南柜等区，复改包商。东柜及平柜则均为有限制之自由，潮桥区为六柜以外粤盐一大分支，清末统归全纲包办。元年准由商人承充。四年取消各埠承商，潮桥亦改自由贸易。十五年，桥上划分六区，分区招商承包。至二十三年五月，仍复为自由贩运。琼崖孤悬海外，盐田星布，从前只由地方带征岁课，并无管理，清末始招商认额承销，踵行至今。

云南　云南盐制，沿清之旧，分滇省为黑井白井磨黑井三区。黑井区为昆明等三十九县，白井区为大理等二十三县，磨黑区为建水等二十四县，皆任听商民自由运销。贩商多小本营业，并无富商巨贾，认岸专卖，故无引商票商及引地票地之分。开广、中甸、维西、腾越、龙陵各边岸，外私充斥，运价奇昂，商民不敢承运，则归官办，为官运票地。然所谓民运者，实际上并非绝对自由，其牌号商，须由运使特许，并缴纳保证金，始准设立；散商无牌号者，大都零星小贩而已。属于官运各地，自民国四年先后均已改归民运，惟开广边岸，又于十九年招商认办。黑井区之武定、元谋等县，白井区之邓川、中甸等县，及磨黑井区之元江、宁洱等县，多有小井，其产销均归商人包办，每年认销盐额，包缴课租，谓之包井包课，为云南特殊之制度。

四川　川省盐务，本为商运商销。清光绪间，将本省计岸，滇黔边岸，及商行济楚岸，先后复办官运，是为官运商销。其归丁州县，如川北票岸及陕西、南郑等二十一县之川甘并销区域，则仍行票盐。清季额定行盐水陆共计折合水引四万一千二百三十六引有奇，合市秤五百七十六万零七百担。划县分区，界限井然，引无积滞，课鲜拖欠，一时称盛。迨后清廷多故，加价不已，官引复滞。民国成立，川省首先举义，以旧盐法多苛政，悉罢之。邓孝可主盐政，取消官运，破除引岸，改为就场征税。只于各场设榷税司，专管收税事宜。惜因改革过急，又值大乱之余，成绩殊鲜。民国三年，政府任晏安澜为运使。川省盐务稽核分所亦于是时成立。安澜鉴于就场征税之失败，遂拟恢复旧有引岸，仿照官运成法而变通之，为官督商运商销。并将岸区重新厘定，属于贵州者，为仁、綦、涪、永四边岸，兼配富、犍两厂之盐。属于云南者，为滇边岸，专配犍厂之盐。属于鄂西及湖南澧属者，为济楚岸，专配富厂之盐。属于本省者，川江上游为府河、成华、南河三岸，兼配乐简两厂之盐；下游为纳万、涪万、江涪、泸南、巫楚、万楚各岸，兼配富、犍、射、云、宁五厂之盐。于各岸设运盐公司十八家，旋复增至二十五家，额定花盐水引一万七千六百六十九张，巴盐水引二万四千九百六十五张，分派于各公司。同时井商又有设立富荣盐业公司之请，互相攻击，各不相下。至四年六月，运盐公司始告成立，票盐税轻，足以侵引；则为公垣以统之。于是引盐归公司，票盐归公垣。运盐公司原定试办一年，但因实力不充，加以军兴道阻，萑苻遍地，不能如额运盐，短缴之税，多至一百余万元。于是稽核总所会办丁恩，力持废除公司，改行自由贸易，于五年九月，将公司取消，一律改为散商，自由贩运。并定暂行引盐办法：（一）公司取消后，未缴欠税，概行豁免。（二）各公司或合或分，悉听自便，均准与散商一律营业。（三）暂行划定水运盐斤销岸，以维持分岸分厂办法，是为有限制之自由贩卖。民国十四年后，川中迭起政变，各地驻军，就其防区，擅提盐税，以供饷糈，寖至预提税票，派商认领，垫缴税款。盐商之资本雄厚者，尚可勉强具认。其力薄不胜者，则多纷纷改业。积盐积税，多至一千四百余载，摊本多至千余万元。新商不敢加入，每月税款，则惟此二三十家旧商是赖。名为散商，实为派税包商矣。各商所配之盐，既积不能销，后到者，耗少价廉，自由竞售，先到者，高价则无人过问，同价又受折阅。因呈驻军，为轮运之举，依其到盐先后，轮流售卖，然税款月派有定，运溢于销，新到之盐，列在最后，迨其到轮，往往须一年以外，子金累积，必待价高时而始出售，售价遂无平减之望。派税为饷源所寄，军部对于商人，势不能不予以维持。而商人借为护符，更时有逾越范围者。久之，军队见大利所在，又向各商分税，自行运盐，谓之军盐。既可免缴附税，又得随地而卖，盐业之弊，遂致不可收拾。幸其法只及于富荣厂岸，他场则仍旧章，为自由贩运也。派税包商，行之数年，商本已竭，灶盐莫配，各岸滞销如故。十八年冬，各军及运署分所筹议，军饷向商人借贷，另按盐载，抽收整理费，分十个月归还，自十八年十二月起，停收引税五个月，专销积盐，其厂盐则以积盐配销。而各岸毫无系统，迨至十九年四月期满，仅将积税配清，而积盐仍有一千四百余载。川省军政当局，知积盐应求疏通，厂困须谋救济，商本应为保持，自由贩卖既不能骤复，而派税包商，负税而不负销，失败前车可鉴；乃集厂岸各商，议定采取多数认商制，实行分厂分岸之法，以资过渡。先将富荣两厂销岸，及应销盐数，另行分配为十二区，月销盐二百六十载。其中以二百载按月缴税四十万零七千余元，拨充军饷，即以税票配运新盐，其余六十载搭销积盐。每区商名无定额，有愿认者，呈报运署，验资取保，即可承运。实行以来，各方均能相安，积盐渐能疏畅矣。

西北　甘肃宁夏青海及陕西之延安、汉中等府各属，原为花定行盐区域，分为陇东、陇西及陕岸三区。甘省天水等三十二县，及宁省宁夏等十县，三设治局属陇东；甘省兰州市及皋兰等三十四县，暨青省西宁等十五县，属陇西。其陕岸则现隶陕西收税总局之肤施等三十五县是也。又陕西兴汉属之南郑等二十一县，则为川甘并销。花盐亦称甘盐，在前清时代，课归地丁，本系自由贸易，洎至清末，改为招商包运，民国三年，花定榷运局成立，四年，仍采包商制额定年销二十八万担，由陇东、陇西、陕西三公司承运，垄断把持，弊端百出。于民国七年，取消公司，改为自由运销，至今仍之。新疆领县五十有九，设治局六，内迪化等二十三县属北路，阿克苏等三十六县及六设治局属南路。均本产本销。清末北路伊宁区为包商，迪化、塔城两区为官办，元年塔城改招商承包。二年伊宁区改办官运，继复改为商包，旋又改为官办。南路盐税，清末规定随粮带征，民国因之。所有产制运销，悉听商民自便，实一绝对自由区域。

精盐 精盐行销地点，规定以全国通商口岸为限，现时已准行销之商埠，为上海、无锡、苏州、之青阳地、南京、杭州之拱宸桥、宁波、长沙、岳阳、湘潭、常德、汉口、武昌、沙市、九江、安庆、芜湖、蚌埠、郑州、济南、烟台、天津、秦皇岛、张家口、哈尔滨、广州等处。惟亦有因地方之需要，或制造者有特殊情形，特准行销商埠以外者。通商岸埠，向有引商售盐者，精盐公司应请当地盐务机关，谕令引商代为销售。引商如于两月内，声明不愿代销，或逾限不覆，精盐公司得自行设店，或委托他商代售。精盐公司无定岸，全为自由商。最近民国二十四年久大等精盐公司以全国精盐公司于二十二年共缴司马秤一百三十万担之登记费，而二十三年销数骤减，仅及半数，爰呈财部，吁请救济，经部令核准，将行销办法量予变通，限定全国通商口岸及商埠行销精盐总额全年司马秤一百三十万担，申合市秤一百六十五万一千担，所有分销额数，即照全国各该岸埠最近三年平均销数分别摊定，并准湘、鄂、西、皖四岸及苏五属各岸埠精盐在登记期内，得兼推销各该岸埠内地，其所定每年销额如下：

（甲）湘岸　　二十万二千市担

（乙）鄂岸　　五十三万六千市担

（丙）西岸　　四十五万三千市担

（丁）皖岸　　一十五万四千市担

（戊）苏五属　　一十六万八千市担（上海租界在内）

以上共计一百五十一万三千市担

（至余额一十三万八千市担，系配销天津、南京等处其他口岸。）

输出盐　我国盐斤，向主内销。国外输出，始于光绪三十一年。时日本盐荒，长芦官商公捐二十万担，输往救济。民国八年，准隆昌商号购运淮盐一百万担，输出日本。九年，复准福利公司办运黑河仓盐二万担，输出俄国阿穆尔省，接济侨民。十四年，又准永裕公司输出青岛盐二万五千吨前往美国西雅图，一万吨前往香港，皆系临时性质。政府以盐斤外销渐盛，乃于十五年规定华盐输出办法，分为外国政府借运，及华商禀请呈运两种，均须担保不再运回国内侵销。现在赓续输出国外者，仅有山东之青岛、金口、石岛、威宁各地场盐。青岛在未收回以前，并无专商。十二年，我国收回青岛盐田，首先指定永裕公司为输出日本食盐专商。十五年，签订青盐输出协定，指定复诚、万裕记等数家，为输销日本工业盐专商，运往朝鲜、日本行销。其一般协定，亦准永裕公司输出日本工业用盐，及朝鲜盐，是为指定商。金口、石岛、威宁各场，向以渔盐名义输出朝鲜。其由帆船输运者，商无定名，惟出口船只，应向场署登记。轮船运商，则须经核准，始准承运。二十四年，福建开始输出菲列滨，尚无定制。二十五年，长芦筹办输出日本盐斤，正在协议中。

第二章 盐 产

第一节 产 源

盐之来源，或出于海，或出于池，或出于井，或出于山，要其体质皆为水气之所成。《尚书·洪范》："水曰润下，润下作咸。"此盐之根源也。五行之气，水为最多，水无所不至，故盐亦无处不有。中国产盐特富，资用亦最早。古者夙沙氏煮海为盐，是为煎制之鼻祖。《禹贡》载青州厥贡盐絺，是后世盐用之源。《管子·海王篇》："伐薪煮水，自十月至于正月，得盐三万六千钟，粜成金万一千余斤。"是后世盐利之源。他如载籍所征，若池若井若鬻海鬻硷之属，亘数千年取之无尽，用之不竭，实为纮埏所莫及。盖中国地势，西北多山，东南滨海，西北高而东南下，东南之水，皆汇于海，西北之水，皆源于山，水气布濩，山泽相通，于是有海盐池盐井盐岩盐之产生，诚哉地不爱宝也。请分类言之。

盐以海水制成，谓之海盐。中国海岸，南起广东钦州明江口（即北仑河口）北讫辽宁鸭绿江口，袤延一万三千余里，分属辽宁、河北、山东、江苏、浙江、福建、广东七省。沿海之滨，盐田相望，地含潟卤，产额丰富。论其位置，分为四区：一曰渤悔。居河北之东，辽宁之西南，山东之东北为辽东山东两半岛环抱而成。中分两大海湾。在东北者曰辽东湾。东起旅顺口，西至山海关，湾内东西两岸，今辽宁区之复县、营盖、盘山、锦县、兴绥各场隶焉。在西南者曰直隶湾。东起山海关，西南至山东登州角，湾内沿岸，今长芦区之芦台、丰财二场，山东区之永利、王官、莱州三场隶焉。一曰黄海。居江苏之东北，山东之东南，辽宁之南，北起鸭绿江口，西南经直隶海峡至长江口北，滨海沿岸，今辽宁区之庄河场，山东区之威宁、石岛、金口、胶澳四场及两淮区之各场均隶焉。一曰东海。居江苏之东南，浙江福建之东，北起长江口，南讫台湾海峡，滨海沿岸，今浙江区之各场及福建区之前下、莆田、山腰、浔美、莲河各场隶焉。一曰南海。居福建之东南，广东之南东起台湾海峡，南至钦州明江口，滨海沿岸，今福建区之诏安场及广东区之各场隶焉。其在往昔，辽宁河北场区，盖周之幽州地域。《周礼·职方氏》云："东北曰幽州，其利鱼盐。"春秋时代，多属于燕。故《管子》云："燕有辽东之煮。"是则辽盐芦盐，发源已古。山东为《禹贡》兖青徐三州之域。《禹贡》："海岱为青州，厥土白坟，海滨广斥，厥贡盐绨。"当时言盐不及兖、徐者，盖洪水初平，青州盐业早兴，特举其著者言之耳。越及有周，青、兖二州地，多属于齐。《史记》云："太公封于营邱，以齐地潟卤，乃通鱼盐之利，而人物归之。"是则山东盐产，在虞夏之时，已开其源，迨及有周而益著其利者也。江、浙场区，古为吴、越要荒，汉以前，古籍所载盐事，无专指淮、浙者，至汉吴王濞都广陵，煮海饶国用，淮、浙煎盐，始见于记载。闽盐则传述更晚，唐代以前，无可征考，自宝应间，刘晏治江淮盐，设立十监，而侯官居其一，闽盐之见于载籍，殆莫先于此。广东南海之盐，西汉以前，书阙有间，武帝时，因桑弘羊之请，分郡置均输盐铁官，凡二十八郡，南海居其一，是为粤盐见于史册之始。

就盐池捞取煎晒之盐，谓之池盐。盐池来源与山脉河流，均有关系。高原之地，山脉围绕，水易潴积，地面咸质，为山水所冲聚，往往成为盐泽。此则关于山脉者也。河流为山脉所阻，流注溢地，其曲屈之处，水易聚积，经蒸发作用，所留咸质，成为盐卤，或盐粒盐块，故中国黄河之曲，皆为大盐池所在。此则关于河流者也。中国盐池，蒙古、西藏、青海、新疆、山西、陕西、甘肃各区皆有之。而以山西之解池，甘肃之花马池为最著。至若宁夏之擦汉池、雅布赖池，产量丰富，莫可与京，特以交通梗阻，运输维艰，不获尽量发展。他若西藏、青海、新疆之池盐，别今仍闭塞，天然厚利，湮没弗彰，重可惜也。考盐池之位置，其根源于山脉者，以葱岭（即帕米尔高原）为主干。葱岭山脉，凡四大系。一自北行入科布多、新疆间者，曰阿尔泰山系。一自东北行入新疆者，曰天山系。一自东行入新疆、青海而分支者，曰昆仑山系。一自南行入西藏者，曰喜马拉雅山系。其间支脉相连，山泓并涌，众流所汇，悉成巨大盐池。如蒙古科布多之哈拉泊（即哈拉乌苏泊）、都尔戛泊，为科布多河所潴，导源于阿尔泰山系者也。又如新疆北路之巴里坤湖（即巴尔库勒淖尔）、阿雅尔淖尔、额毕淖尔（即布哈尔齐淖尔）、为伊犁河等众水所潴。新疆南路之罗布淖尔，为搭里木河等众水所潴，皆导源于天山系者也。又如青海盐池等，为柴达木河等众流所潴，导源于昆仑山系者也。又如西藏之腾格里海等盐池，为达尔古河等众水所潴，导源于喜马拉雅山系者也。其根源于河流者，皆当黄河之曲。黄河自青海东流，入甘肃境，至兰州，转而东北，至宁夏境，成一湾曲。河之东岸，甘肃花马盐池之所在也。西岸循贺兰山麓，贺兰山之西，为宁夏阿拉善旗地，吉兰泰盐池之所在也。又东北流，入绥远境，折而东，循阴山南麓，至托克托，折而南流，环抱三面，构成一大湾曲，名曰河套，套内盐池之所在也。又南流入塞，蜿蜒于秦晋之间，至蒲州西南，折而东流，河水至此，又成一大曲，山西解池之所在也。解池以下，黄河流域，无有盐池。盖地势渐落平原，不若西北高地，河流伏脉，有阴潜之功，理固然也。论池盐之发源，当以山西之解池为最古。解池盐产，必资南风。古人谓舜歌《南风》，以南风之时，可以阜财。盖指解池晒盐而言。周时池为晋有。《左传》言："郇瑕之地，沃饶近盬。"是解池盐利，由来已久。甘肃盐池，见诸史册，始于汉代，三国魏明帝时，徐邈为凉州牧，请修武威、酒泉盐池，其青海、宁夏，亦为甘肃所辖。若花马大小盐池，则至明代，始行著称。新疆为古西域地，省制之设，始于清季，故记载多缺。《汉书・西域传》所谓"蒲类海"殆即今之巴里坤湖。所谓"蒲昌海"，殆即今之罗布淖尔。蒙古盐池，始见于汉，《汉书・地理志》，朔方之金莲盐泽，青盐泽，即今绥远之鄂尔多斯旗地。西藏原属藩辅，盐务向无经营晒池发端，无可考焉。

凿井取卤，煎炼成盐，谓之井盐。井盐根源，亦与山脉河流有关。缘地层内含有咸质或盐块，经川流之渐渍，潜行地下，化生盐卤，是即盐井之所取汲者也。中国盐井，聚于川滇二省，多在山脉绵亘川流环曲之处。此外仅甘肃之漳县、西和二处有之。山西之解池，以堤岸失修，池水涸淡，改为穿井汲卤。其余各区，概无盐井。此则地势使然。四川重山回合。岷山之脉，入其北境，衍为邛崃山、鹿头山、剑门山等支。巴山之脉，入其东北境，迤而东南，以接于巫峡。又有长江横贯其中，岷江、沱江、嘉陵江、涪江、乌江、打冲河各流，涴演错列。故其盐泉深藏，取之不尽。其在长江流域者，为奉节、云阳、忠县各场。在岷江、沱江间者，为富荣、井仁、简阳各场。在岷江右岸，控扼峨嵋者，为犍为、乐山各场。在嘉陵江、涪江流域循列于鹿头山、剑门山诸脉者，为大足、资中、乐至、蓬遂、射洪、绵阳、南阆、西盐、南盐各场。附近巴山支脉者，为大宁、开县各场。在打冲河流域者，为盐源场。在乌江流域者，为彭水场。凡此皆四川著有之盐井所在也。云南位于横断山脉之南端，为南岭所由起。产盐之地，皆在西境及西北、西南、两部。盖以北负云岭，西阻怒山，东凭乌蒙及哀牢山诸脉，而澜沧江、潞江，曲折回环，纵贯其间，水气郁积，蕴盐特多。其产地有单纯产卤者，有兼产硔卤者。如黑井、阿陋井、白井、喇鸡井、云龙井，皆单纯产卤者也。如元永井、乔后井、磨黑井、按板井、香盐井、益香井、石膏井，皆产卤而兼产硔者也。至若甘肃之漳县、西和二处，亦产井盐。其地左凭陇坂，右扼岷峨，据渭水之源，跨洮河之曲。盐源所在，胥关山脉河流，此其证矣。考井盐之发始，当以四川为最先。《华阳国志》云：“秦孝王令李冰守蜀，冰察地脉，知有咸泉，因于广都等县，穿凿盐井。”是为川盐发端之始。云南一区，汉时有盐官之设,《汉书·地理志》,纪郡县盐官特详,所载益州郡之连然县,即今之滇地。又史载:汉郑纯为永昌太守,与哀牢人约,岁输盐一斛。是则滇盐之经始,在于汉代。至于甘肃井盐,固亦自汉始焉。

就地层开取盐碛,制炼成盐,谓之岩盐,一曰石盐,即矿盐也。岩盐乃古海经地壳之变动,高出海面,又经地层拗曲,受高压而成,故岩盐所在,皆地势高耸山脉绵亘之区。中国岩盐,以新疆、云南、西藏为盛。而新疆境内,阿尔泰山走其北,天山横其中,昆仑山阻其南,为各大山系主脉荟萃之所。云南一区,半为横断山脉所蟠结。西藏逼迩葱岭,挟持于昆仑、喜马拉雅两大山系之间,地势崇峻,为世界第一高原。是则岩盐产生,固有关于山脉者矣。惟中国岩盐,产源虽富,开发殊少,新疆、西藏,地处边陲,交通阻绝,迄未兴发,仅有云南之碛产,稍见国中,而产额无多,地利之兴,所宜讲求。新疆岩盐产区,举其著者凡六处。曰拜城、曰温宿、曰库车、曰乌什、曰疏勒、曰巴楚。云南岩盐,著者凡七处,即卤碛兼产之元永、乔后、磨黑、按板、香盐、益香、石膏各场是也。西藏之乌兰达布逊山,为著名岩盐产所,山为赤色,产紫色盐极多。其他地层聚积盐块之处,则所在多有。矿学家谓藏中金矿最富,次则石盐,非虚语也。岩盐之在往昔,发见绝少,史乘鲜传,欲考其真实源起,殆不可得。《北史西域传》云:"高昌有白盐,其形如玉粱。"《凉州异物志》云:"盐山有盐,三色为质,赤者如丹,黑者如漆,赤黑者小,惟白者大,小大从意,镂之写物。"此岩盐形状之仅见于记载者,殆指新疆所产者欤。

以上各盐,皆属质品优良,有益人类,为人生食用所必需。内中以海盐产量最多，池盐次之，井盐岩盐又次之。此外尚有硷盐一种，为硷地所产，即土盐也。味苦质劣，食之有害卫生。黄河两岸、山西北路及口北皆有之。其根源或出于硷滩，或出于硝池，或出于卑湿之地，或出于卤土之间。自昔已有产制，《宋史·食货志》所谓并州煮硷为盐者是也。今则出产益广，侵夺正引。所宜设法取缔，改良其土壤，使之逐渐销灭，是则有关于公共卫生者也。

第二节　产　区

中国产盐区域，占地极广，属于海盐者为区七，曰两淮、曰两浙、曰福建、曰两广、曰山东、曰长芦、曰辽宁，属于池盐者为区二，曰河东、曰西北，属于井盐者为区二，曰四川、曰云南，均经设有场区。至若新疆、蒙古、西藏，则池盐井盐岩盐，所在多有。晋北之太原、平遥、大同、忻代等二十余县，均产土盐。湖北之应城县，专产膏盐。惟历来未划场区，未设场官，不与于场区之数焉。考场区之规划，始于汉代，凡产盐多者，设置盐官。据《汉书·地理志》所载，当时设有盐官之产区，凡三十四县。即河东郡之安邑县，今河东区太原郡之晋阳县，雁门郡之沃阳楼烦二县均今晋北区，渤海郡之章武县，渔阳郡之泉州县，辽西郡之海阳县均今长芦区，钜鹿郡之堂阳县，今南宫新河等处原产土盐辽东郡之平郭县今辽宁区，北海郡之都昌、寿光二县，东莱郡之曲成、东牟、㡉县、昌阳、当利五县，瑯琊郡之海曲、计斤、长广三县均今山东区，会稽郡之海盐县，今两浙区南海郡之番禺县，苍梧郡之高要县均今两广区，安定郡之三水县，北地郡之弋居县，上郡之独乐、龟兹二县均今西北区，南郡之巫县，蜀郡之临邛县，犍为郡之南安县，巴郡之朐忍县均今四川区，益州郡之连然县今云南区，西河郡之富昌县，朔方郡之沃野县，五原郡之成宜县均今鄂尔多斯旗地，是也。其时主产盐区，西北多于东南，而广陵一郡，为今两淮产盐重要区域，则未设有盐官。及唐宝应间，刘晏治盐，置立涟水今两淮区湖州越州杭州均今两浙区四场，海陵、盐城今两淮区、嘉兴、新亭、临平、兰亭、永嘉均今两浙区、侯官今福建区、大昌、富都均今四川区、十监，注重东南海盐，而西北之安邑盐池，则直隶度支所辖，是则产区规划，时有不同。迨及宋代，分区渐多，以事务之繁简，分为三等，大者曰监，中者曰场，小者曰务。元代则悉称为场，至今仍之。而场区增废，明清以来，时有更改。入民国后，以整理场务，集中管理，无益及零星之盐滩，多经封闭，设场更少，综计全国盐场，现为九十五场。各区设场沿革及产盐状况，分述于次。

第一目　两　　淮

两淮场区，以淮河为界。在淮河以南者，谓之淮南。在淮河以北者，谓之淮北。全区南界两浙，北接山东，居黄海之滨，位于江苏之通州、泰州、海州三属。汉吴王濞都广陵今江都县，煮海水为盐，为淮区煎盐之始。顾淮盐既出，而沿汉至隋，沿革弗闻。盖以彼时盐务，朝议详西北而略东南，自唐始重东南，东南尤重江淮，江淮盐利乃大著。唐宝应时，刘晏为盐铁使，设四场十监，内涟水一场，海陵盐城二监，皆今两淮场地，是为两淮分区设场之始。宋天圣中，通楚两州，各设七场，泰州设八场，海州设二场，涟水军设一场，其场名弗可考。元增为二十九场。曰吕四、余东、余中、余西、西亭、金沙、石港、掘港、丰利、马塘、拼茶、角斜、富安、安丰、梁垛、东台、何垛、丁溪、小海、草堰、白驹、刘庄、伍祐、新兴、庙湾、莞渎、板浦、临洪、徐渎。明增兴庄、天赐二场，嗣以天赐归并庙湾，共为三十场。清康熙十七年，以徐渎并入板浦。雍正五年，以临洪兴庄并为临兴场。乾隆元年，设中正场，以莞渎并入。又以马塘并入石港，余中并入余西，白驹并入草堰。三十三年，又以西亭并入金沙，小海并入丁溪。终清之世，共为二十三场。民国元年，增设济南场，以丰利归并掘港，改名丰掘，拼茶归并角斜，改名拼角，余西归并余东，改名余中，东台归并何垛，改名东何，富安梁垛归并安丰，改名安梁，刘庄归并草堰，仍名草堰，又裁石港金沙二场。二十年，复以庙湾并入新兴，丁溪并入草堰，东何并入安梁，拼角并入丰掘，吕四并入余中。二十二年，划山东涛雒场，归两淮辖，与临兴合并，改名涛青场。于是两淮共十场，在淮南者，为余中南通县属、丰掘如皋县属、安梁东台县属、草堰东台兴化县属、新兴盐城阜宁县属、伍祐盐城县属六场。在淮北者，为济南涟水灌云县属、板浦、中正均灌云县属、涛青东海赣榆日照三县属四场。淮北各场产盐，均系晒制，平均年产约九百万担，占全国盐产总量百分之十八，内以济南产数为最多，中正板浦次之，涛青为最少。淮南各场产盐，全系煎制，间有用板晒制，每年产量平均约一百五十万担，占全国产量百分之三，以安梁产数较多，丰掘、草堰次之，伍祐、新兴又次之，余中为最少。若以全国海盐计之，两淮产数，当首屈一指也。

第二目　两　　浙

两浙盖《禹贡》扬州之域。自汉吴王濞，煮海为盐，后世因之，遂成恒业。产区居东海之滨，跨江浙两省松、嘉、杭、绍、宁、台、温七属。分为浙东浙西两大部分，在钱塘江以南者曰浙东，以北者曰浙西。汉置郡国盐官，会稽居其一，是为浙盐设官之始。唐宝应时，刘晏领东南盐事，于产区设四场，而浙居其三，曰湖州、杭州、越州，为今湖、杭、绍各地。又置十监，而浙居其半，曰嘉兴、新亭、临平、兰亭、永嘉，为今嘉、杭。绍、温各地。是则斥卤之广，由来久矣。唐末，两浙隶于吴越，因革弗彰。宋初，吴越纳土，置两浙路，先设杭州、秀州、密鹦、永嘉四场。天圣中，温州又设三场。后两浙路分为东西两路。浙西路，秀州今嘉兴设十场，平江今吴兴设四场，临安今杭县设十场。浙东路，绍兴今绍兴设四场，明州今鄞县设六场，台州今临海设三场，温州今永嘉设五场。其场名均弗详。元代共设三十四场，曰仁和场、许村场、西路场、下砂场、青村场、袁浦场、浦东场、横浦场、芦沥场、海沙场、鲍郎场、西兴場、钱清场、三江场、曹娥场、石堰场、鸣鹤场、清泉场、长山场、穿山场、岱山场、玉泉场、芦花场、大嵩场、昌国场、永嘉场、双穗场、天富南盐场、长林场、黄岩场、杜渎场、天富北盐场、长亭场、龙头场。明裁芦花、昌国、岱山三场，增设天赐、青浦、下砂二、下砂三四场，后青浦天赐二场坍入海中，废之，又裁龙头归并清泉，裁长山归并穿山，名穿长场，余仍元制，共为三十一场。清顺治十八年，裁永嘉并入双穗。康熙三年，裁杜渎并入黄岩。十八年，裁玉泉并入大嵩，名嵩玉场。二十六年，裁南监并入双穗。三十九年，裁北监并入长林。四十一年，裁下砂三场并入下砂二场。雍正二年，裁下砂二场，归下砂头场兼理，又裁西兴并入钱清。七年，复设下砂二场、杜渎场、永嘉场，裁浦东场归并横浦场。乾隆五年，复设浦东、龙头二场，析嵩玉场仍为大嵩玉泉二场，又析西路为黄湾场，析三江为东江场，析曹娥为金山场，并以天赐旧场，坍地复涨，添设崇明场，又复设下砂三场，并为下砂二三场。宣统三年，裁西路并入黄湾，裁龙头并入清泉，改石堰为余姚，并添置岱山场。综计清季亦为三十一场。民国元年，并横浦、浦东为两浦场，并下砂及下砂二三场为下砂场，又裁曹娥并入金山。五年，裁永嘉并入双穗，复设北监南监二场。六年，析双穗为上望场，又裁下砂场。八年，析岱山为定海场。九年，设衢山场。十八年，废仁和场。二十年，裁许村并入黄湾，裁海沙并入鲍郎，裁大嵩、穿长并入清泉，裁上望并入双穗，裁东江、金山并入三江，裁衢山并入岱山，裁杜渎并入黄岩，裁青村、两浦并入袁浦，又废鸣鹤崇明二场。今所存者，为余姚余姚县属、岱山、定海均定海县属、芦沥平湖属、鲍郎海盐县属、黄湾海宁县属、钱清萧山县属、三江绍兴县属、清泉镇海县属、玉泉象山县属、黄岩温岭县属、长亭宁海县属、双穗瑞安县属、长林乐清县属、北监玉环县属、南监平阳县属，计十七场。内袁浦一场，归松江运副管辖，余则直隶于两浙运使。各场制盐，用煎用晒，方法不一。若黄湾、鲍郎、三江、三场，专用煎制者也。若余姚、岱山、定海、芦沥、钱清、清泉、北监、南监、袁浦九场，专用晒制者也。若玉泉、长亭、黄岩、长林、双穗五场，则兼用煎制晒制者也。至于各场产数，以余姚为最多，岱山、钱清次之，长亭为最少。全区产量,平均年约四百五十万担,占全国总量百分之九,斥卤虽广,而产数未臻旺盛,亦以地处海滨,坍涨无常故耳。

第三目 福 建

闽省东南濒海,皆为产盐区域。唐代以前,产区无可征考。唐宝应间,刘晏设立十监,侯官居其一,又《新唐书·地理志》载:福州之长乐、连江、长溪今霞浦福安二县境三县,泉州之晋江、南安二县,均有盐官。是唐时产地,已占福州、福宁、泉州三属。迨宋天圣间,兴化、漳州、盐业日起,于是福、兴、泉、漳、福宁五属,悉为产盐所在,迄今称盛。斥卤之区,可谓广矣。据《元丰九域志》,宋时产区,计福州属长溪县有一盐场,长乐县有一盐场,罗源县有一盐场,泉州属晋江县有盐亭一百六十一,惠安县有盐亭一百二十九,同安县有安仁、上下马栏、庄坂四盐场,漳州属龙溪县有吴惯、沐渎、中栅三盐团,漳浦县有黄墩一盐团,是宋时盐区之可考者。产地皆系于县,别无专称。至元代入统,始将产区划为七场。曰海口、曰牛田均今福清县属、曰上里今莆田县属、曰惠安安惠安县属、曰浔美、曰沥州均今晋江县属、曰浯州今同安县属。明因元旧,亦置七场,无所更易。清康熙二十二年,设漳浦诏安二场。四十七年,并海口牛田为福清场,改上里为莆田场。乾隆四十八年,设洪白、赤杞、江阴、下里、前江、列屿六场,分漳浦场为漳浦东、漳浦南二场。又宁德县属漳湾场罗源县属鉴江场,霞浦县属淳管场,皆产煎盐,形质较细,向称细盐场。产额无多,不设场官,由附近知县佐杂兼领之。

五十一年,增设祥丰场。嘉庆二年,增设莲河场,裁烈屿并入浯州。十六年,增设福兴场,裁漳浦东场,归并漳浦南场。二十三年,裁洪白赤杞归并福清,裁沥州归并浔美。终清之世,共为福清、江阴、福兴、莆田、下里、前江、浔美、惠安、浯州、祥丰、莲河、漳浦南、诏安十三场,其漳湾、鉴江、淳管三细盐场,则逐渐荒废。又台湾设有五场,曰洲南、曰洲北、曰濑南、曰濑北、曰濑东,台湾割弃,场区亦亡。民国初元,裁浯州场。三年,裁福兴场。四年,祥丰并入莲河,前江下里并为前下。五年,分惠安为山腰、埕边二场。六年,裁福清、江阴二场,改为韩厝寮、江阴二特别区。十七年,裁埕边场,改为后港特别区,十八年,裁浦南场改为屿头盐墩二特别区。二十年,将各独立特别区,分别划归就近场署管辖,于是韩厝寮、江阴划隶莆田场,后港划隶山腰场,屿头、盐墩、划隶诏安场。今所存者,为莆田、前下均莆田县属、山腰惠安县属、浔美晋江县属、莲河安思明金门三县属、诏安云霄漳浦诏安东山四县属六场。各场产盐,均系晒制,平均年产约二百万担,占全国产量百分之四,以诏安前下产量为丰,山腰、莲河、次之,莆田、浔美又次之。若就海盐各产区而论,闽盐产量,实居末位,销地所限,未能尽量产制故也。

第四目　两　　广

两广为盐务分区名称,谓广东广西也。若论产地,则尽在广东境内,广西无有焉。广东南濒大海,自潮惠以至钦廉,濒海之地,俱有盐区。又岛之大者,首推海南,次则南澳及上下川山等,亦悉为盐区所在。故产额丰富,自昔即见重国中。考诸历史,东南海盐,如淮闽各区,皆至唐始有盐官之设,而粤盐则在汉时已于南海苍梧二郡,置有盐官。其重要可知矣。唐时盐业益兴,《新唐书·地理志》云:"广州新会有盐,潮州海阳有盐,琼州、琼山有盐,振州、即崖州宁远有盐,近海百姓煮海水为盐,远近取给。"是唐时盐区,已视汉为广。然尚无设场之制也。设场之制,起于宋代。《宋史·食货志》载:广州东莞靖康等十三盐场,廉州白石、石康二盐场,天圣以后,东西海场十三,皆领于广州。又《元丰九域志》载:广州东莞三盐场,海南、黄田、归德三盐栅,新会、海晏、博劳、怀宁、都斛、矬峒、金斗六盐场,潮州、海阳、净口、松口、三河口三盐场,惠州、归善、淡水一盐场,海丰、古龙、石桥二盐场。其位置名称俱有可考。栅系大场分出,其为盐场一也。元于大德四年,设盐场十三,曰靖康、归德、东莞、黄田、香山、矬峒、双恩均广州境、咸水、淡水、石桥均惠州境、隆井、小江、招收均潮州境。此外广海一区,亦有盐场,惟元史弗详名称。明置广州海北二提举司。广州提举司领十四场,即元设之十三场,与另增之海晏场是也。海北提举司领十五場,即元之广海场区,曰白沙、白石、西盐、白皮、官寨丹兜均廉州境、蚕村调楼、武郎、东海均雷州境、博茂、茂晖均高州境、大小英感恩、三村马、袅陈村乐会、博顿、兰馨均琼州境、新安、临川均崖州境。清初设矬峒、海晏、靖康、归德、东莞、香山、丹兜、东平、双恩、淡水、碧甲、大洲、石桥、墩白、海甲、小靖、招收、降井、东界、河西、海山、小江、惠来、博茂、茂晖、白石二十六场,而海北区之雷琼各场不与焉。雍正七年并矬峒、海晏为海矬场。乾隆三年,并靖康、归德为归靖场，增设电茂场。二十七年，裁东平并入双恩。五十五年，裁东莞、香山、丹兜、归靖四场。嘉庆二十年，改海矬场为上川司。光绪二十四年，广州湾为法租借，废茂晖场。三十三年，裁小江并入隆井。综计清季共存一十八场栅，即上川司、淡水场、碧甲栅、大洲场、墩白场、石桥场、海甲栅、小靖场、招收场、河西栅、隆井场、惠来栅、东界场、海山场、双恩场、电茂场、博茂场、白石场是也。民国肇建，整理雷琼场务，开放公运，于海康设一场，初名茂晖，继改乌石，于海南岛设三亚场，管理琼崖场产。四年，裁上川并入双恩，裁东界并入海山，裁河西并入招收。二十三年，复将海山与东界分立，并隆井招收为招隆场，裁海甲小靖二场。今所存者，计为淡水、碧甲、大洲均惠阳县属、石桥陆丰县属、墩白海丰县属、双恩阳江县属、海山、东界均饶平县属、招隆潮阳县属、惠来惠来县属、电茂、博茂均电白县属、白石合浦县属、乌石海康徐闻遂豁三县属、三亚琼山县属十五场。各场制盐方法，除双恩、白石、三亚有小数煎制外，余均用晒。晒者谓之生盐，煎者谓之熟盐。全年产盐，平均约三百五十万担，占全国产量百分之七，以墩白、三亚产数为多，海山、白石、乌石、淡水次之，招隆、惠来为少。总观粤盐全局，自雷琼开放公运以来，产额加丰，池堨增辟，倘使整理得法，前途固方兴未艾也。

第五目　山　　东

山东海滨广斥。虞夏之时，已有青盐之贡。管仲相齐，正渠展之盐，通东莱之产，而齐以富强。论者谓古代盐产之富，莫盛于山东，盐法之兴，亦莫先于山东，其信然欤。汉兴，武帝整兴盐法，郡县产区所在，设立盐官，山东凡十县，曰都昌、曰寿光、曰曲成、曰东牟、曰㡉县、曰昌阳、曰当利、曰海曲、曰计斤、曰长广，综计郡县盐官三十有四，而山东一区，独居多数，是则汉代盐法，固仍以山东为模范也。魏晋以降，山东先后为石赵、慕容苻秦、元魏所据，盐业退化，不逮住古。唐时藩镇为患，山东产盐之地，迭为占据，私擅盐利，仙芝黄巢均以盐枭倡乱山东，则其盐业衰败，可以知矣。宋初，山东盐政始复归一，产地划为两区，一属京东路，初于密州设涛雒场，后增登州四场，一属河北路，初设滨州场，后分四务。靖康末，金取宋地，于莒州设十二场，曰涛雒、临洪、独木、板浦、信阳、西繇、衡村、黄县、巨风、福山、临海、文登。又设密州五场，即墨、莱阳二场，宁海州五场，场名弗可详考。元明两代，均设十九场，曰信阳、曰涛雒、曰石河、曰行村、曰登宁、曰西繇、曰海沧、曰王家冈、曰官台、曰固堤、曰高家港、曰新镇、曰宁海、曰丰国、曰永阜、曰利国、曰丰民、曰富国、曰永利。清初因之。康熙十六年，裁高家港、新镇并入王家冈，裁宁海、丰国并入永阜，裁利国并入富国，裁丰民并入永利，裁行村并入石河。十八年，又裁官台、固堤，改归寿光、潍县管理。雍正八年，复设官台，以固堤并入，裁海沧并入西繇。道光十三年，裁登宁并入西繇，裁信阳并入涛雒，凡裁十一场，并为八场。终清之世，无所变更。然永阜滩场，光绪二十一年，没于黄水，名虽存而实则废。石河一场，毗连青岛，自光绪二十四年，德租青岛，整齐盐滩，划入租界，亦非场区之旧。虽仍曰八场，而区域则小有变焉。民国二年，迁石河场于即墨县之金口镇，原驻胶县场区如故。五年，官台王家冈合并为一场，改名王官，永阜废场，亦归兼辖。六年，裁西繇富国改设莱州场，又增设石岛场。七年，改石河场为金口场。十九年，以青岛自四年收回后，原有盐滩，产额丰富，迄未设场管理，因就青岛盐区，设立胶澳场。又以收回威海卫租地，将威海盐田，与石岛属之宁海区合并，设立威宁场。二十二年划涛雒改归两淮管辖，计全区共存七场，曰王官广饶寿光县属、曰金口莱阳海阳即墨三阳属、曰石岛文登牟平荣成三县属、曰莱州掖县昌邑县属、曰永利沾化无棣县属、曰胶澳胶县即墨及青岛市属、曰威宁文登牟平及威海市属。各场制盐，均用晒法，平均年产约九百三十万担，占全国产量百分之十九而弱，以胶澳产量最多，王官石岛次之，金口威宁又次之，莱州、永利为少。就产量论，山东实海盐中与两淮相伯仲之产区也。

第六目　长芦口北附

长芦为沧州旧治，明初，以长芦为盐产总汇之处，设都转运司驻其地，清时，移驻天津，仍沿长芦之名，此河北之盐，所由以长芦名也。长芦产地，滨海环居，迤北而南。其产盐发源最古，周有幽州之利，秦有上谷之饶。汉置郡国盐官，长芦有其四，一为泉州今天津县境，一为章武今天津静海及沧县境，一为海阳今滦县境，一为堂阳。今南宫县北魏傍海煮盐，沧瀛二州，并置灶所。唐置河北道，幽、平、瀛、沧产盐州郡，均隶河北，谓之河北盐。沿至五代，河北州郡，常陷兵祸。及石晋割幽、蓟十六州，以献契丹，幽平场地，悉为辽有。宋景德间，澶渊议和，与辽以白沟河为界，河以南为宋地，食沧州盐，河以北为辽地，食幽平二州盐，皆今长芦产也。元时，于宝坻、清、沧、平、滦各地，设场二十有二，曰利国场、曰利民场、曰海丰场、曰阜民场、曰阜财场、曰益民场、曰润国场、曰海阜场、曰海盈场、曰海润场、曰严镇场、曰富国场、曰兴国场、曰厚财场、曰丰财场、曰三义沽场、曰富民场、曰芦台场、曰越支场、曰石碑场、曰惠民场、曰济民场。明洪武初，增置海盈、归化二场，于旧有海盈场加深州以别之。隆庆间，裁益民、润国、海阜、三义沽四场，并为二十场。清康熙十八年，以厚财并入兴国，以惠民并入归化，以海润并入阜财，以海盈并入海丰。雍正十年，裁利民、阜民、私国、富民、阜财及深州海盈六场。道光十一年，裁富国场。十二年，又以兴国并入丰财。综计清代凡裁十二场，并为八场，即丰财场、芦台场、严镇场、海丰场、越支场、济民场、石碑场、归化场是也。民国三年，裁海丰、严镇并入丰财场，裁越支并入芦台场，裁济民、归化并入石碑场。十四年，又裁石碑场。于是全区仅存丰财、芦台二场。其制盐方法，均用晒制，每年平均产量约六百万担，占全国产量百分之十二，内芦台产数较多，丰财稍逊，然历年均经限产，倘使尽量晒制，固不止此数也。

口北之为盐务分区，始于清宣统二年口北榷运局之设立，历史不及三十年。原为独立分区，民国二十三年，始附隶于长芦区内。其行盐种类，计有青盐、白盐、土盐三种，然青盐、白盐，皆产自蒙古，入境行销，所谓蒙盐者是。惟土盐为本区所产，散布于丰镇、凉城、商都、张北、阳原、蔚县各地，产量甚少。各产地历来均无场区之设，沿革殆无可考。青盐产地，在察哈尔西北乌珠穆沁旗境，有池曰青盐诺，产盐带青色，因名青盐，诺者蒙语盐池之称。

白盐产地不一，大者为二连诺、马塔诺，均在察哈尔苏泥特旗境，次者为阿腾、达喀苏诺、衙门诺，在察哈尔镶白旗境，文贡诺在察哈尔牛羊群旗境，普尔登诺在察哈尔正白旗境，大盐诺小盐诺在察哈尔大马群旗境，白盐色白，以别于青盐而名。此外有零星小盐诺多处，名不著称。土盐产地，散漫不一，最大者为岱海滩，在绥远凉城县境，次为黄旂滩，在绥远丰镇县境，察汉诺在察哈尔商都县境，安贡诺木连诺在察哈尔张北县境。另有阳原、蔚县二处，近年始许熬制土盐，纳税行销。其他零星土盐产地，向系禁其产制。亦缘土盐质味俱劣，于法终无存留之余地也。至于各盐制法。青盐、白盐，均系天然产品，不待人工制造。而青盐四季可采，产量殆不可测计；白盐则与天时有关，雨量过多，不能成盐，均由蒙人就地捞取转售内地商贩。就其行销入境数目计之，平均年约青盐二十五万担，白盐十五万担。土盐制法，煎晒不一，安贡诺所产，为晒制，岱海滩、黄旗滩、阳原、蔚县所产，均为煎制，安贡诺、木连诺所产，则为煎晒兼用，平均每年产量约十万担。综计全区青盐、白盐、土盐数量，共约五十万担，占全国产数百分之一，论其产源，则属于池盐之类也。

第七目　辽　宁

辽宁产盐区域，约分两部：一居黄海北岸，一居渤海辽东湾之东西两岸，而辽东湾产区，范围尤广，更有天然盐池数处，居于黑龙江境内，亦附属于本区焉。本区为古幽州地，其利鱼盐，见之《周礼》。汉时，设盐官于平郭，平郭者，辽东郡属，今为营盖场区，是为辽盐设官之始。魏晋而后，一据于慕容，再没于高丽，数百年间，地沦边裔，故记载罔述。洎乎辽代，盐利复著。辽分产地为两区，一隶东京道，一隶中京道，各置计司以领之。金承辽制，仍分两区，设立辽东、北京两盐使司，以盖复盐区，隶辽东盐司，以锦瑞盐区，隶北京盐司。元时辽盐分属三路，一曰辽阳路，一曰广宁路，一曰大宁路，而场务皆由各路台省兼管，不设盐务专官。明废省制，改为辽东都指挥使司，罢除州县，建置屯卫，盐场悉由卫所兼辖，亦不设专官，此其异于各区也。《明史·地理志》：辽盐场区，凡隶于八卫，设盐场十有二。一曰海州卫今营口县境，卫西滨海有一盐场，又东有大片岭关，有一盐场。一曰盖州卫今盖平县境，卫北有平山，下有一盐场，又西北有梁房口关，旁有一盐场，又东有石门关，西有一盐场。一曰复州卫今复县境，卫西滨海有一盐场。一曰金州卫即金县境，卫东北有一盐场。一曰广宁中屯卫今锦西及锦县境，卫城南有二盐场。一曰广宁右屯卫今锦县境，卫南有一盐场。一曰广宁前屯卫今绥中县境，卫东南山口峪有一盐场。一曰宁远卫今兴城县境，卫南滨海有一盐场。盖明代以军隶卫，以屯养军，辽盐场制，寓军政于盐区，亦取盐屯之法也。清初，定为二十场，曰黄旗场今营盖场区、曰竹心台场场地未详、曰大板桥场今北镇场区、曰小板桥场今北镇场区、曰葫芦套场今锦县场区、曰甜水河场今北镇场区、曰天桥场今锦县场区、曰二道沟场今营盖场区、曰三道沟场今营盖场区、曰四道沟场场地未详、曰柴河沟场今锦县场区、曰白马沟场今锦县场区、曰刘三场今北镇场区、曰柳柴场场地未详、曰小盐场今复县场区、曰料河堡场场地未详、曰团山堡场今锦县场区、曰铁厂屯场今盘山场区、曰铁厂屯河西场今盘山场区、曰芝麻湾场今兴绥场区，均隶于奉天府尹，各场事务，均由州县佐杂官兼司，不设专官，亦采用元明制也。康熙二十年，停颁辽盐额引，盐不入课，场制遂废。历一百九十余载，至光绪三年议榷盐厘，就滩设营盖、复州、庄河、安凤、锦州、盘山、广宁、宁远盐厘局八处，管理盐滩，于是场制渐复。民国三年，改各盐厘局为场务局，又将广宁局改名北镇局，宁远局改名兴绥局，复州局改名复县局，锦州局改名锦县局，又裁安凤归并庄河，名庄安局，共存七局。五年，改各场务局为盐场公署，至是，辽盐场制，始与各区一律。十三年，以庄安场产区辽阔，析为庄河、庄凤二场。二十年，又裁庄凤、北镇二场。今所存者，为营盖、复县、庄河、锦县、兴绥、盘川六场。此外有金州盐滩，在黄海北岸，东界庄河，北连复县，西南尽海，于清光绪三十一年，日俄战事定后，划入日租界，滩场日辟，迄今未还。又黑龙江省内呼伦贝尔，有天然盐泡盐泡即南人所谓盐池四处，曰朱尔毕特盐泡，曰巴彦察罕盐泡，曰大乌库尔图盐泡，曰小乌库尔图盐泡，均有产盐，惟产数无多，仅销附近蒙人，故向无场官之设。至于辽盐制法，以晒制为通行，营盖锦复三场，产盐丰旺，兴绥、庄河、盘山三场次之，全区平均年产约六百万担，占全国产盐百分之十二。惟自二十年九一八事变后，盐务机关，遂未能行使职权焉。

第八目　河　　东

河东产区，仅有解池一场，居中条山北麓，介于解县、安邑之间。黄河之水，由托克托南流，至蒲州，为中条山所阻，折而东流，成一大曲，池盐产生于此。唐崔敖谓盐池乃黄河阴潜之功，浸淫中条，融为巨浸。良有以也。秦时，置河东郡，解池隶于其境，故解池之盐，以河东称。解盐发源最古，相传虞舜所歌薰风阜财，即指此池，故池上有歌薰楼，中条山阴有薰风洞，其遗迹也。周时，池属于晋，《左传》："晋谋去故绛，诸大夫皆曰，必居郇瑕氏之地，沃饶而近盬。"郇瑕为河东解县，盬乃晒盐之名晒盐之法，肇始河东，故盬为解池独名。汉初，武帝创盐法，立盐官，河东、安邑，为各郡设官之首。元和间，章帝幸安邑，观盐池。自后，魏有司盐城即今运城之建，晋有监盐县之设，则其重要可知。永嘉以降，盐池沦失，刘、石、苻、姚，相继据有。唐时称为两池，以近解州者为东池，近安邑者为西池，名虽有二，实一池耳。开元间，立榷盐之法，南方之盐，以江淮海盐为大宗，设盐铁使主之，北方之盐，以两池池盐为大宗，由度支主之。历至宋代，凡计产行销，皆以解池代表北方之盐，与南方海盐相对立，设官立职，解池亦特异他区。盖以其产丰销广，饶资国用，立于重要位置故也。嗣后盐源渐竭，雨旱时侵，生产力量，远不逮古。元时初分八场，后减为四，东二场，曰常满、盬北，西二场，曰紫泉、会商。明时改四场为东西二场，后复增设中场，计为三场。成化十年，环三场盐池，筑城围之，称为禁垣，周一百二十里。清沿明旧，仍设三场。民国初年，将三场并为解池一场，下分东西中三区，今仍之。全场形势，东西长五十里，南北阔七里，四面皆高，池居其中，形如釜底，北高南下。最南为护宝长堤。靠堤为黑河，即池积水之处，其味咸，鳞介不育，其性温，隆冬不冰，泥土纯黑，稍深显露硝版，是为盐根。池北列地治畦，为种盐之处。再北为料台，为存盐之处。全池三区，皆围以禁垣，惟北面开三门，为运盐出场之路。俗称此池为大盐池。大池之西，有六小池，一曰永小，一曰金井，一曰贾瓦，一曰夹凹，一曰苏老，一曰熨斗，面积极小，产量无多，历来因大池损坏，常许浇晒济课，但亦时修时废。六小池之西，又有一池，名曰女盐池，《水经注》所谓女盐泽是也，其池客涝时注，水满则淡生鱼，水涸则苦生硝，故又名硝池，历禁捞采，今仍废置。至解池制盐方法，古时本天然品，捞取即得，不须炼治，自成颗粒，故亦称颗盐，而颗粒之大，异于散盐之小，故又称大盐，唐时始用垦畦种盐法，即晒制法，清乾隆间，黑河淤塞，盐源涸废，乃创为掘井浇晒法，至今仍之。全年产量，平均约一百万担，占全国总量百分之二，以视往昔，瞠乎后矣。

第九目　西　　北

西北乃最近设立之盐务分区，即甘肃宁夏青海三省，旧称花定区是也。产盐所在，随地皆有，而以西套及宁陕交界之盐池定边一带独多。产盐种类，有池盐、井盐、土盐之分，而以池盐特盛。粤稽往昔，西北盖匈奴羌戎之地，汉武拓边，虽有河西四郡之置，但羌胡为患，叛服无常，魏晋以降，河陇多事，甘肃沦为战区，下逮宋金，土地主权，辗转变易，故盐法简略。元时虽并于一，而盐产运销，听民自由，不办课程，场制乃无规画。明代，花马大小池及漳西盐井，虽有引额，而地属边州，不同主要产地，故亦无场制之设。清沿明制，初亦不设专官，同治以后，改课为厘，以票代引，蒙青池盐，同归征榷，于是于漳县、西和、惠安、花定、白墩子五处，各设盐局，收储本区产盐，一条山、中卫各设一局，收储蒙盐，丹噶尔设一局，收储青盐，管理渐臻完备。民国八年，改称产盐局。十六年，归并各局，改设六场，曰花惠场，管理花马池、惠安堡产盐，曰中叶场，管理中卫、叶升堡收储蒙盐，曰条白场，管理一条山收储蒙盐及白墩子池盐，曰凉州场，管理马连泉各盐池及擦汉池等，曰漳西场，管理漳县西和盐井，曰湟源场，管理收储青盐，是为设场之始。十八年，宁夏、青海划立为省，甘肃辖境，为之一变，盐区亦随之划分，但省自为政，制度不一，场名遂废。二十四年，中央设西北收税局，综理甘、宁、青三省盐务，是为西北设立分区之始，至是，西北盐政，始归统一。计甘肃产区，经政府鉴定，准予捞制行销者，凡十有五区。一曰池盐，计十二区，在黄河以南者，为小红沟盐池靖远县境，甘盐池海原县境、在黄河以北者，为高台盐池高台县境，迤东南为苏武山盐池、马莲泉盐池、汤家海盐池均民勤县境，又东南为白墩子盐池红水县境、哈家嘴盐池、刘家湾盐池均永登县境，又南近河岸为八盘盐池、喇牌盐池均皋兰县境，跨黄河两岸者，为临夏盐池导河县境，一部分为祁杨家各池，在南岸，一部分为姬家川各池，在北岸。一曰盐井，凡二处，一为漳县盐井，一为西和盐井。一曰土盐，仅石门沟皋兰县境一处，准许试办，余皆封禁。宁夏产地，凡四大区，皆为池盐，在宁、陕交界盐池定边县界者，为大花马池，其南有滥泥池、波罗池、莲花池，在灵武境者，为小花马池，一名惠安池，在鄂尔多斯旗地者，为狗池，倭波池、北大池，在阿拉善旗地者，西为雅布赖盐池、大鼓海盐池、鹿角沟盐池、梧桐海盐池，东为和屯池、擦汉池、同湖池、红盐池。即昭化寺池青海产地，以青海盐池为最大，其由商承购纳税转运者，凡二区，一为茶卡盐池，一为新盐池。即塞什凯盐池至于制盐方法，各地不一。有出自天然不假人力者，如阿拉善旗各盐池、鄂尔多斯旗各盐池、大花马池、高台盐池、汤家海盐池、青海盐池、茶卡盐池、新盐池是。有借火力熬煮而成者，如漳县西和井盐，及石门沟土盐是。有赖人工吸晒，贮水作种，或不烦下种，晒制而成者，如小花马池、苏武山盐池、马莲泉盐池、小红沟盐池、甘盐池、白墩子盐池、哈家嘴盐池、刘家湾盐池、八盘盐池，喇牌盐池是。有煎晒兼用者，如临夏盐池是。若论产量，则各天然池产，任人捞取，不可估计，内以擦汉池、雅布赖池称最。大花马池次之，晒制所产，不及天然之丰，盐井所产，则又次之，若喇牌、石门沟，所谓自桧以下，无足称道。全区捞制纳税之盐，平均年约五十万担，占金国总量十分之一，产源本属无尽，而乃困于输运，限于销场，不获充分发展，惜哉。

第十目　四　　川

四川之盐，全出于井，井之创设，始于秦代秦孝文王以李冰为蜀守，冰于广都县今成都华阳双流等地穿凿盐井，其后识泉脉者逐渐增辟，遂擅大利。稽诸载籍，川省历代产盐郡县，计秦有三县，汉晋各有十六，唐为最盛，凡六十四县，宋则次之，为五十二，元因课重法严，井多废闭，仅存十五县，明稍恢复，增为二十七县，清初，经张献忠乱后，几致全毁，迨至中叶，乃渐兴复，为四十一县，末年，产量增辟，于焉大盛，民国成立，加以裁废，今存三十县，此产地之大较也。盐官之设，始见于汉，一于巫县今巫山县地，一于临邛今邛崃县地，一于南安今乐山犍为峨嵋荣县等地，一于朐忍今云阳开县万县等地。唐时，刘晏治盐，大昌今奉节县境富都今富顺县境，各设一监。宋代，以官监煮，大为监，小为井，监则官掌，井则人民斡鬻，输以课利，计益、梓、夔、利凡四路，益州路设一监，九十八井，梓州路设二监，三百八十五井，夔州路设二监，二十井，利州路设一百二十九井。元时，全区监场凡十二处，曰简盐场、隆盐场、绵盐场、潼川场、遂宁场、顺庆场、保宁场、嘉定场、长宁场、绍庆场、云安场、大宁场。明洪武间，以井分区，凡十五处，曰上流即今简阳、曰永通即今犍为、曰郁山即今彭水、曰涂甘即今忠县、曰云安即今云阳、曰通海即今中江、曰福兴今未明、曰广福即今遂宁、曰华池即今潼川、曰新罗即今荣县贡井、曰富义即今富顺自流井、曰罗泉即今资中、曰黄寺即今内江、曰仙泉即今仁寿、曰大宁即今巫溪，各设盐课司，专司办盐征课。清代，以厂统井，设厂二十二，曰富荣、犍为、乐山、三台、绵州、蓬中、蓬遂、乐至、胖镇、西盐、南阆、射洪、射蓬、简州、资州、井研、仁寿、云安、大宁、开县、奉节、盐源。全区设盐大使五员而一切厂务，多以地方佐贰兼管，异于他省。民国初元，改厂为场，设置场官，于是场制始归一律。又添设邓关、忠县、万县三场，改简州为简阳场，绵州为绵阳场，云安为云阳场，胖镇为中江场，资州为资中场。四年，析富荣为东西二场添设彭水，大足二场。五年，归并井研、仁寿为井仁场。十六年，析西盐设南盐场，二十二年，裁万县蓬中二场，二十五年，裁中江射蓬二场。今所存者，计二十四场，内属于川南者，为富荣东富顺荣县属、富荣西荣县属、邓关富顺县属、犍为犍为荣县属、乐山乐山县属、资中资中资阳县属、井仁井研仁寿县属、盐源盐源县属、云阳云阳县属、大宁巫溪县属、开县开县属、彭水彭水县属、大足大足县属、奉节奉节县属、忠县忠县属十五场，属于川北者，为南阆南部阆中县属、乐至乐至安岳县属、三台三台县属、蓬遂蓬溪遂宁县属、西盐西充盐宁县属、南盐南部盐亭县属、绵阳绵阳县属、简阳简阳县属、射洪射洪县属九场。各场制盐，均系凿井汲卤，设灶煎制。井有盐井、火井之分，盐井出卤，而卤之浓淡不一，火井出瓦斯，而瓦斯之强弱亦殊，盐井则各场皆有，火井仅富柴场，及川北之西盐、南盐、蓬遂各场有之，然川北各场，焰力微弱，殊少实用。灶有火灶炭灶之别，火灶引瓦斯入灶，热以煎盐，可省燃料，炭灶则须以炭薪供煎，故成本较昂。全区产盐数量，平均年约四百五十万担，占全国产量百分之九。当清代初年，射洪产量最为丰旺，配引亦最多，射洪属于潼川，当时有潼引之称，至道咸间，射厂渐衰，犍为继起，潼川遂多改配犍盐，同光之时，洪杨事起，长江梗阻，淮盐不能上运，湘鄂淡食，乃以川盐济销，于是富厂大辟井灶，及于火脉，火乃大升，盐产日旺，驾犍厂而上之，迄于今日，仍称巨擘。盖卤源之衰旺，井脉之废兴，亦时为之也。

第十一目　云　　南

云南为井盐、岩盐兼产之区，自汉始入版图，故产区亦始见于汉。汉于郡县出盐多者，置盐官，凡二十八郡，连然居其一，即今之安宁井也。唐宋为南诏大理所据，盐事无征。元于大理路白盐城，设官榷税，但地处边徼，主在羁縻而已。明代产区，凡十四井，曰黑盐井、阿陋井、猴井、琅井、白盐井、安宁井、诺邓井、山井、师井、大井、顺荡井、弥沙井、云龙井，皆设盐课司治理，曰枳旧井，则由地方官兼管。清初，承明旧制，加以损益，则设黑盐井、白盐井、琅井、云龙井、安宁井、阿陋井、枳旧井、弥沙井、景东井，凡九区。雍正间，井硐荒老，从事开辟，于是增设按板井、抱母井、丽江井、磨黑井、猛野井、乌得井。乾嘉时，又增石膏井、草溪井、横山井、新井、沙卤井、安丰井、老姆井、新洪井、香盐井、恩耕井、木城井。道光时，又增元兴井、永济井、乔后井、喇鸡井、益香井、安乐井、汪家坪井。终清之世，皆以开辟新井为务。民国肇建，将产地划为三区，区内设场，就场征税，全省凡设十场，是为设场之始。一曰黑井区，设元永井、阿陋井、黑井均盐兴县属三场，而以琅井盐兴县属为黑井之分场。一曰白井区，设白井盐丰县属、乔后井剑川县属、喇鸡井兰坪县属、云龙井云龙县属四场。一曰磨黑区，设磨黑井宁洱县属、按板井镇沅县属、香盐井景谷县属三场，而以石膏井宁洱县属为磨黑之分场，益香井景谷县属为香盐之分场。至今仍之。此外不设场之井，则包商认课，而各井亦时有兴废。在黑井区者，为安宁井安宁县属、安乐井、横山井均盐兴县属、枳旧井元谋县属、硝井广通县属、裕民井武定县属。在白井区者，为丽江井、高轩井均丽江县属、日期井兰坪县属、金泉井、顺荡井、师井、山井均云龙县属、弥沙井剑川县属。在磨黑区者，为整董井宁洱县属、磨歇井思茅县属、凤岗井、茂篾井、习孔井、抱母井均景谷县属、景东井、黑葳井、茂爱井、茂腊井均景东县属、茂益井、恩耕井、二尾井均镇沅县属、汪家坪井巧家县属、磨铺井、猛野井均墨江县属。全省凡三十包井。惟汪家坪、弥沙、凤岗、猛野四井，于二十三年，收归官办，改设场务所，情形特异。各场制盐方法，皆在井硐分别采取硔卤，用火力煎制，惟硔卤产量，各区不一，大抵黑井区各井，卤多硔少，磨黑区各井，卤少硔多，白井区各井，则硔卤相埒。所用燃料，三区皆以柴薪为大宗，成本较高。每年产盐数量，平均为六十万担，占全国总产量百分之一而强，供不逮求，运艰价贵，是宜开提井硐，以裕产制，修治衢路，以利运输，整理之方，此其要矣。

第十二目　新　疆

新疆产区，分为南北两路，在天山以南者为南路，以北者为北路，其盐或产于山，或产于池，或产于硷卤之地，盖境内山峦盘结，沼泽纷纭，乃上古内海所变动，故地层所积，含盐极富。汉时，新疆始通中国，称曰西域，其后旋绝旋通，历唐、宋、元、明，虽时一平服，终不能抚而有之，迄前清乾隆间，荡平准回，始定名新疆，光绪八年，复改设行省，置官施治，至是规模渐备。盐务经营，则以光绪末年开办温宿、迪化等处盐税为始。入民国后，北路产地，设局运销，南路迄无管理，现时全省盐政，尚归地方辖治，不隶中央，所宜早议接收，以臻统一者也。新疆产盐，分池盐、岩盐、土盐三种。池盐产区，以精河盐场属于额毕淖尔在精河县境、达阪盐池迪化县属、七角井盐池七角井设治局属、唐朝渠盐池绥来县属为著，若巴里坤湖镇西县属、罗布淖尔婼羌县属虽发源最古，今已退化。岩盐产区，为拜城、温宿、库车、乌什、疏附、巴楚各处。土盐则散布于呼图壁、焉耆、尉犁、轮台、伽师、英吉沙、叶城、皮山、于阗、洛浦、哈密各县。此外若和阗、吐鲁番、莎车三处，则兼产岩盐土盐，婼羌一处，则兼产池盐土盐。统观全区，大抵北路所产，以迪化、精河为最，南路所产，以温宿、拜城为最，其余北则绥来，南则焉耆、莎车、库车、疏附等处次之。制盐不假人工，纯出天然，任人捞取，其年产数量，因盐政尚归省辖，而南路产地，亦未施以管理，无正确之统计，姑从略焉。

第十三目 康藏

康藏盖古之三危地，向为中国藩辅，全区分康、卫、藏三部。清季始将康及卫东部之地，改土归流，民国三年，划为特别区，名曰川边，十五年，改称西康，议建行省。藏则分为前藏、后藏，统称曰西藏。关于盐务，全区未设专官，董理其事，故记载与报告特少。产盐分井盐池盐岩盐三种，始于何时，均无从考。井盐产区，以西康盐井县所产为著，井在澜沧江两岸，共有六十眼，清季曾一度设局收税，不久即废。池盐产区，在西康者，为垛零夺盐池在石渠县北、类乌齐盐池恩达县属，在西藏者，为腾格里海，居前藏西部，最为巨大，其余若公努木盐池、里牙尔盐池、尔布盐池、雅根盐池、必老盐池、那木盐池、马里盐池、苦公盐池、那木鄂岳尔盐池，皆在雅鲁藏布江两岸，亦均著称。岩盐产区，首推后藏之乌兰达布逊山，所产紫色石盐，尤为特产，其他山原岩野，蕴蓄极富。惟康藏地居荒徼，为自来盐法所不及，产区所在，仅得其略，难以详备。至其制盐方法，大抵井盐系用晒制，池盐岩盐，则出自天然，不假人力。全区年产数量，向无确切统计，可资纪述。盖一切悉从疏阔，以视内地盐务，固未可同日语也。

第十四目　晋　　北

晋北所产，全系土盐，发源虽始于汉，而鬻硷之法，至宋始著，金元之间，以其有碍解盐销路，时禁煎贩，迨明嘉靖时，因太汾所属州县，山路崎岖，商运难至，于是始弛盐禁，许行土盐给票收税，是为晋北行销土盐之始。土盐产地，分为三大区。在雁门以北者，曰北路区，析为应县、岱岳山阴县属、高左高岭村及左云县、大怀大同怀仁二县、陆庄代县属、朔阳朔县及岳阳会村、天阳天镇阳高二县、刘霍庄应县属八分区。在雁门以南者，曰中南路区，析为清太阳清源阳曲太原三县、徐太榆徐沟太谷榆次三县、平介祁平遥介休祁县三县、忻定崞忻县定襄崞县三县、文交文水交城二县、汾孝汾阳孝义二县六分区。在省外者，曰绥远区，析为萨县、五原、河口托克托县属三分区。各产地皆属零星散漫，向无场制之设。北路区土盐，分红、白、化三种，自盐质低，红盐较佳，化盐为上。白盐最低者，不能供食，只能用以改造化盐。中南路区土盐，质味多在北路之下，间亦有产化盐红盐者。绥远土盐，则更劣下，萨县尤甚。其制盐方法，虽各地因俗而异，大都先刮土淋卤，然后注卤锅中，炽火煎熬，故其成本较高。全年产量，平均不及二十万担。就盐法而论，全区产少质劣，场地又极形散漫，应在封禁之列，历来开放蒙盐，与之竞销，盖为物竞天择，使之归于自然淘汰也。

晋北行销蒙盐，始于清乾隆元年。蒙盐之产地有四：一为鄂尔多斯，一为苏泥特，一为乌珠穆沁，一为吉兰泰，除乌珠穆沁苏泥特各盐池，已详第六目，鄂尔多斯盐池，已详第九目外，吉兰泰池盐，实为晋北行销蒙盐中之最大宗者。盐池位于宁夏阿拉善旗地，分大小两池，大池周六十里，小池周三十里，其盐天然结晶，施工采取，名之曰挖，味美色红，故又称吉盐曰挖红。产量丰富，行销颇广，果能畅运无阻，则借以销灭土盐，诚易事也。

第十五目 陕 西

陕西盐区，除西北区所辖盐池外，其余悉属土盐，历代或禁或榷，取制不一。清世，土盐产区，计有永乐仓马湖峪均榆林县属三眼泉绥德县属三处。入民国后，在富平、蒲城间，有卤泊滩，在榆林县，有上盐湾、下盐湾、三皇茆各滩，在朝邑县，有朝邑盐池，亦名盐池洼。所产土盐，其初均属私制，后由地方政府酌征税课，为寓禁于征之策，始行公开制运。二十三年，中央接管陕西盐务，暂仍未改。卤泊滩分东西二滩，全滩长二十余里，宽五里许，东滩产晒盐，西滩产煎盐。盐池洼长约四里许，宽约二里，制盐亦分煎晒二种，夏秋用池晒，冬春用锅煎。三皇茆、上盐湾滩地均小，下盐湾较大，所产均煎盐。全区产量，平均年约三万担，质味均劣。按之盐法，实宜设法取缔，无保留之价值也。

第十六目 应 城

应城所产，与各区不同，其盐名曰膏盐。考膏盐发明，始于清咸丰初年。先是，明嘉靖中，应城县北团山庙麓，有石膏苗发现，土人因掘井斫膏以牟利。历百余年，斫膏废弃之硐日多，硐中与石膏相间而生之蓝板石，含有咸质，日久积水，浸成盐卤，土人取以供食，嗣因担取不便，乃用锅煎熬成盐。当时应城为淮盐引地，土人熬盐，系属私制，不敢公然买卖。迨清咸同间，洪杨事起，淮运阻塞，鄂苦淡食，边汉江数十州县，咸仰给于应盐，以资救济。于是鄂督奏准开禁，招商办运，设官征课，是为应盐正式行销之始。民国以来，历归省辖。二十四年，始由中央接收，设应城膏盐管理局，以资治理。膏盐产区，在应城西北一带，面积纵约二十四里，横约六里，全区有盐硐四百余对。其制盐方法，先蓄水于废弃之膏硐，使之浸渍成卤，然后取卤熬制成盐。每年产数，现以三十万担为限，销区为天门、京山、应城三县，不许侵越，亦兼筹并顾救济一时之办法也。

第三章　盐　　官

第一节　汉唐宋元之官制

中国盐法，肇起管子，其时中央官制，与地方官制，盐务机关，组织必备。书缺有间，莫可得详。今叙沿革，断自汉始。汉以大农领盐铁，大农之下，有两丞，一掌盐事，一掌铁事，盐与铁均系独立之机关，同为大农所属。《史记》载汉武帝以东郭咸阳孔仅为大农丞，领盐铁事，咸阳齐之大煮盐，孔仅南阳大冶，是领盐事者为咸阳，领铁事者为孔仅。又载大农上咸阳孔仅言，山海天地之藏，宜属少府，陛下弗私，以属大农佐赋。是武帝以前，盐铁赋入，为皇室之私有。至武帝时，创兴盐政，改隶大农，是为盐务隶属财政部之始。《汉书·百官公卿表》，言武帝太初元年，改大农令为大司农，其职例如今之财政部长。《食货志》又言元封元年，桑弘羊领大农，尽斡天下盐铁，以诸官各自市，相与争，物故腾跃，而官卖利入，或不偿其僦费，诸置大农部丞数十人，分部主郡国，各往往县，置均输盐铁官，是为中央直接选派地方盐官之始。《续汉书·百官志》，言郡国盐官，本属司农，中兴皆属郡县，凡郡县出盐多者，置盐官，主盐税，随事广狭，置令长及丞，秩次皆如县。是则东汉时代，各区盐务，不隶于中央，地方分治，盖始于此。西汉主专卖，故采中央集权制，东汉主征税，故采地方分治制，政策不同，官制亦因之而异。然考《汉书·地理志》，对于西汉盐官，叙载甚详，大都为产盐旺盛之区，可证当时设官，只在产地，但西汉官自卖盐，销盐区域，必有运销机关，殆由均输官兼理。若东汉则经专卖之后，进为征税制度，场务管理法，业已完备，故于销地不复设官。《范晔·后汉书》，表志悉阙。刘昭《补志》：亦无记载。所有产区，虽不能详考，大概仍沿西汉之旧，兹将《汉志》所载盐官，叙列于下：

（一）河东郡安邑县，即今安邑县，为现今河东池盐产区。

（二）太原郡晋阳县，即今太原县。

（三）雁门郡沃阳县，即今凉城县，楼烦县，即今代县。

（四）五原郡成宜县，即今五原县，为现今晋北土盐产区。按现今五原县并不产盐，当时于成宜设置盐官，所销之盐殆以现今套内蒙盐为多，则成宜置官疑系转运机关

（五）西河郡富昌县，即今鄂尔多斯左翼前旗境。

（六）朔方郡沃野县，即今鄂尔右翼后旗黄河套外，为现今河套蒙盐产区。

（七）陇西郡及所属西县，即今陇西西和两县。

（八）北地郡弋居县，即今灵武县。

（九）上郡独乐县、龟兹县，即今盐池定边两县。

（十）安定郡三水县，即今固原县，为现今西北产区按《汉书·地理志》载陇西郡有盐官，此设于郡者为今漳县井区。《水经注·漾水》引汉志西县有盐

官此设于县者,为今西和井区。而今本汉书西县下缺载,盖传写脱文也。弋居县为今惠安,池区即花马小池,独乐、龟兹两县为今花马大池及莲花波罗烂泥等池区。今固原县并不产盐,而汉时于三水县设官疑亦系转运机关。

（十一）渤海郡章武县,即今沧县。

（十二）渔阳郡泉州县,即今天津武清县。

（十三）辽西郡海阳县,即今滦县。

（十四）钜鹿郡堂阳县,即今南宫新河县,为现今长芦产区。按现今冀南一带多为硝盐产区南宫新河亦其一部分汉于堂阳置官殆因硝盐而设

（十五）千乘郡千乘县,即今乐安高苑县。

（十六）北海郡都昌县,即今昌邑寿光县。

（十七）东莱郡曲成县,即今掖县,东牟县,即今文登福山县,㡉县,即今黄县,昌阳县,即今莱阳县,当利县,亦今掖县。

（十八）琅玡郡海曲县,即今日照县,计斤县,即今胶县,长广县,即今莱阳县,为现今山东产区。

（十九）辽东郡平郭县,即今营口盖平县,为现今辽宁产区。

（二十）会稽郡海盐县,即今海盐平湖县,为现今两浙产区。

（二十一）南海郡番禺县,即今番禺县。

（二十二）苍梧郡高要县,即今高要县,为现今广东产销区按番禺距海尚远,当时南海郡属近海各县所有盐产悉由番禺盐官管理。至于高要县并非产地,为现今西江盐运必由之路,汉时于高要设置盐官确系转运机关,则知西汉时代非止在场区设官亦可证见。

（二十三）南郡巫县,即今巫山县。

（二十四）蜀郡临邛县,即今邛县。

（二十五）犍为郡南安县,即今犍为县。

（二十六）巴郡朐䏰县，即今云阳县，为现今四川井盐产区。

（二十七）益州郡连然县，即今安宁县，为现今云南井盐产区。

右盐官凡三十有七，建置区域，共为二十七郡，西北所设，多于东南会稽只一，广陵无之。证以现今产地，惟两淮福建，未曾设官。汉武当时，改革盐政，废除征税，实行专卖制度。盐款用途，重在国防，所以专注于西北，因地制宜，故不尽夺民利。迨至东汉时代，广陵郡属，亦设盐官。广陵即今扬州，为淮南产区。《后汉书·马棱传》：载章和元年，棱迁广陵太守，请罢盐官，以利百姓，则知当时曾改专卖，盐弊复生，亦可证矣。及建安时魏武擅政，卫觊与荀彧书曰：盐国之大宝，自乱来放散，今宜依旧，置使者监卖盐。彧以白魏武，魏武从之，因遣谒者仆射监盐官，由此专卖复兴。监卖盐者，谓于盐官之上，置使者以监督之。（后汉章帝建初末年，曾废征税制度，复行专卖，至章和二年。和帝即位，仍行征税制，卫觊所云依旧置使者监卖盐，此项官制，或是章帝时曾行之，故觊以为言。）后世论者，未能详考，辄以监卖盐为督销所自始，抑知督销者是官督商销，名称相类，而其实固不同也。三国盐制，皆趋重于专卖，其官制亦略相同。魏有司盐都尉，司盐监丞，蜀有盐府校尉，吴于海盐设司盐校尉，于东莞设司盐都尉，亦有司盐监丞。以品秩言，都尉校尉较高，监丞较低。司盐之职，魏始置之，蜀吴皆仿魏制。《蜀志·吕乂传》：言先主定益州，置盐府校尉，乂及杜祺刘干等，并为典曹都尉。

《王连传》：言连为司盐校尉，较盐铁之利，利入甚多，有裨国用，于是简取良才，以为官属。若吕乂杜祺刘干，皆连所拔，及迁蜀郡太守，领盐府如故。是王连所任之职，为司盐校尉，曰盐府者，则是蜀国盐务，皆领于司盐校尉，而王连任事久，著有成效，故虽迁太守，仍令兼领盐务。晋承魏后，置度支尚书，主国计，《晋书·杜预传》：言预拜度支尚书，乃较盐运，制调课，内以利国，外以救边，是盐务隶于度支尚书，其职亦如今之财政部长。而唐时盐事，隶尚书省，即原于此。其地方官制，有司盐都尉，司盐监丞，均沿魏旧。盖西晋时代，固亦主行专卖制也。北魏行征税制，于河东盐池，尝立监司以收税，名为司盐监都尉。及至隋代，复置总监副监监丞等员，管东西南北盐池，四面等监，亦各置副监及丞，以四面监治盐事，而总监统领之。然自开皇三年，罢除盐禁，实行无税制，盐官遂亦寖废，故自汉以后，叙述沿革，当自唐始。

唐开元初，始议榷收盐税，令将作大匠姜师度，户部侍郎强循，俱摄御史中丞，与诸道按察使，检校全国盐铁，会议榷法，旋为议者所沮，事不克行。至开元十年，始敕诸州合有盐课，宜令本州刺史上佐一人检校，依式收纳，如有落账欺没，仍委按察使纠察奏闻。此则税法初起，征收职务，分隶地方州县，不另设官。其时禁令疏阔，未有盐法，岁入税数，悉归尚书省金部综核。至德乾元间，第五琦以司金郎中，为河南等五道度支使，兼诸道盐铁铸钱使，创立盐法，就山海井灶近利之地，置监院，收榷其盐，官自出卖，其旧业户并浮人，愿业盐者，为亭户，免其杂徭，隶盐铁使。自此由征税制，进于专卖，唐代盐法，因之以起，盐官之设，又始于此。上元元年，刘晏继第五琦，未几，贬为通州刺史，元载继之，载务为剥削，选择豪吏以督之，设官既多，民不堪命。宝应元年，复以晏为户部侍郎，充度支盐铁铸钱租庸等使，旋兼东都河南淮西江南东西道水陆转运使，盐铁兼转运，自晏始，后世以盐运名使者，盖昉于此。晏因琦之旧法，损益变通，盐归民制，仍由官收，废官运官销，改为商运商销，就场粜商，于纳价后，放令出场，纵其所之，无论何地，准在盐铁使管辖区域以内，任其自由贸易，实为就场专卖制。刘晏盐法，既主就场专卖，又因元载任事时，增置官吏，类多骈枝机关，以为盐官多则州县扰，乃就第五琦旧置监院，重新改组，于产地设有十监四场，销地设有十三巡院均隶于盐铁使。其时盐铁使所辖产地，为东南海盐，及山南道所属井盐，区域不为不广，而所设盐监，仅止十处，曰海陵、曰盐城即今两淮区，曰嘉兴、曰新亭、曰临平、曰兰亭、曰永嘉即今两浙区，曰侯官即今福建区，曰大昌、曰富都即今四川区，是则以今产地证之，淮浙居其七，闽居其一，川居其二，其岭南等处，未设盐监，场产事宜，殆由巡院兼管。晏之宗旨，固以官多则扰，而其主要产地，则专属于江淮也。监者场务最高之机关，晏法官收场盐，就场粜卖，凡管理产制，及收买盐户制成之盐，运仓存贮，自监以下，必有专官办理。《新唐书志》：言晏以盐生霖潦则卤薄，暵旱则土溜坟，随时为令，遣吏晓导，倍于劝农，是其对于制盐技术，极为注重，设有专员，已可概见，其余各官，史志未载，无能质言。宋循唐制，于唐为最近。

今以宋制况之，盐官图经，载盐监所属，有买纳官一员，出纳诸场盐课，催煎官三员，分掌诸场煎发，运盐官一员，月运袋盐，输于仓内，而各场场员，悉由盐监分辖。如淮南一区，在唐为海陵盐城两监，宋则析海陵，增置丰利一监，海陵监属十一场，盐城监三场，丰利监六场，是其证也。至于出卖盐斤，须在场区附近，酌择转输利便之处，设场储盐，以便粜商。若涟水湖州越州杭州四场，当是栈场，将官收之盐，运栈堆存。如湖州并非产地，而以场名，其为栈场无疑。涟水即今涟水县，唐时为盐运总汇之所，宋时行官搬法，仍在涟水，设转搬仓，又其证也。晏法既主自由贸易，然于私盐之透漏，不能不预为杜防，故于监场之外，在销区复择要地，另设缉私机关。置巡院十三，曰扬州即今扬州，曰白沙即今仪征，皆隶江苏。曰陈许即今淮阳许昌，曰汴州即今开封，曰淮西即今汝光，曰郑滑即今郑县滑县，曰宋州即今归德，皆隶河南。曰庐寿即今合肥寿县，曰甬桥即今宿县，曰泗州即今泗县，皆隶皖北。曰浙西、即今镇江，亦隶江苏。（唐时浙西门户，重在润州，巡院即设于此。）曰岭南、即今广州，隶广东。曰兖郓、即今滋阳东平，隶山东。要以河南皖北，所设为多，福建四川，并未设立。但欲清私源，当自场始，巡院虽设，其所注重者，必在产盐地。其时盐场亭户，皆有丁额，每丁岁办盐若干，皆有一定额数，额外余盐，均须交官收买，尽产尽收，场无私漏，私盐自少。史言捕私盐者，奸盗为之衰息，固其宜也。《新唐书·刘晏传》：又言诸道巡院，皆募驶卒，置驿相望，四方货殖低昂，及他利害，虽甚远，不数日即知。是则巡院职务，甚关重要。凡地方盐务行政，均由巡院主办，非止缉私一项。而扬子院职务尤繁,诸道巡院,各置知院官,亦称留后。元和初,程异为扬子院留后,厘革宿弊,迁为盐铁副使,是巡院为销地最高之机关。后世于唐代盐务官制,未尝考究,遂以刘晏盐法,只于产地设官,销地不设官,误矣。唐自开元以后,盐法肇兴,盐务事宜,或隶于度支使,或隶于盐铁使,凡西北池盐,及山南西道井盐,度支使主之,东南海盐,及峡内井盐,盐铁使主之。先是第五琦创法之时,度支盐铁两使,归其兼领,迨至刘晏改法之时,始乃分领。然度支使与盐铁使,皆为中央特派,已是权集中央。大历十三年,常衮专政,以晏久掌财赋,职举功深,忌之,乃奏晏旧德,宜为百僚师长,用右仆射,以示尊重,实欲夺其权。代宗因晏使务方理,继任者难其人,诏以仆射领使如故,宰相兼领盐铁使,自晏始。建中初,杨炎入相,忌嫉刘晏,计惟先罢其使,乃奏尚书省国政之本,比置诸使,分夺其权,宜复旧制。德宗遽从炎请,罢盐转运等使,诏全国财赋,悉归尚书省金部。既而出纳无所统,仍复置使领之。贞元二十一年,度支盐铁合为一使,以杜祐兼领。祐遂奏度支既有使名,则盐铁不合有使号,因奏罢之。元和三年,判度支裴均以其事繁,复奏置盐铁使。故唐代盐务,因地势之关系,中央特派主管机关,分为两大部分,度支使附属盐官,与盐铁使略同。安邑解县两池,亦设有巡院。贞元十六年,史牟以金部郎中,主池务,遂改置榷盐使,仍各分置院官。唐有盐池十八,盐井六百四十,皆隶度支。除盐州灵州会州等处盐池,未设院官其黔嶲成果阆开等州盐井,山南西院领之,邛眉嘉等州盐井,剑南西川院领之,梓遂绵合泸资荣陵简等州盐井,剑南东川院领之。峡内盐井,原隶盐铁使，元和五年，将峡内五监，改隶度支，委山南西道分巡院，兼知粜卖。峡内盐隶度支，自此始也。但盐铁使所收卖盐价钱，较度支使多至十倍，元和元年，李巽为盐铁使，以江淮河南峡内兖郓岭南盐院，收纳钱数，除收盐偿价之外，请付度支收管。盐铁使所收盐款，拨解度支，自此始也。通观唐代，虽以度支盐铁名使，而所辖非止一事，又一使往往兼数使之职，惟河东两池榷盐使，以金部郎中充之，专理盐务，不兼他使，与盐铁使之兼转运，山南西道暨剑南东西川各巡院官，兼充两税使者，殆不相同。唐自刘晏改革盐政，专用榷盐法，充军国之用，敛不及民而用度足，所订官制，本极完善。晏之治盐，非徒立法，论其成功，实在行事。晏以集办众务，在于得人，故其场院要剧，必择通敏廉勤之士任之，其经晏辟署者，并以材显，循用晏法亦能富国。故晏殁二十年，而韩洄、元琇、裴腆、包佶、卢征、李若初，相继掌财政，皆有名于时。贞元以降，如度支使皇甫镈，盐铁使王纬李锜王播，率皆增加盐价，重敛盐钱，月进贡献，以固恩宠。自此领盐事者，相习成风，盐利积于私室，其归国库者，多系虚估，盐务败坏，由于官邪，固于官制无与焉。

按：唐自建中年间，刘晏既罢，盐务寖以大坏。迨乾符初，遂酿黄巢之乱，祸起于盐枭，毒流于全国。中和四年，黄巢虽平，藩镇益强，各擅盐利，敛财自赡，而朱温亦以河中节度使，兼领两池盐务。天祐末，朱梁篡国，循唐之旧，初无更改。后唐同光间，孔谦为租庸使，始议改变盐制，由官自卖，于州府县镇，各置榷粜场院，乡村各处，准许通商，两法并行，实以官卖为主。于是罢巡院官,置转运使,诏盐铁度支户部,并归租庸使管辖。旋罢租庸使,依旧为盐铁度支户部三司,委宰相一人专判,号曰判三司。长兴元年,以许州节度使张延朗,充三司使,三司置使,自延朗始也。后晋天福七年,又敕诸道属州县,应有盐务,并令司差人勾当。周广顺初,因将榷盐事宜,改由州县办理,故以解州刺史张崇训,兼充两池榷盐使。自唐乾元以来,盐务政权,悉集中央,至是始隶于地方。惟场盐官收,犹沿唐代之旧,而运销制度,固已变矣。

宋承唐末五代之后,分盐铁度支户部为三司,设三司使一人,总领其事,凡财政事务,皆归于三司,而盐务一项,尤关重要,故盐铁司在度支户部之上。当时主司,号称计省,三司使位亚执政,目为计相,其职与今之财政总长相同,可证宋时盐务,附属于中央财政最高机关,类于西汉制度,较诸唐时设立专使,确为独立制者,殆又殊焉。宋初,循用五代之法,官自卖盐,谓之官搬官卖。搬犹运也,质言之,就是官运官销,管理运销,必须置设专员,特置发运使,勾当运盐公事,转输各路储仓,以给州县销卖,并监察销盐之不如法者。三司使居中,发运使居外,虽不及唐制之统一,行政职权,分隶地方,而发运使须承三司使之政令,指挥各路地方盐官,犹有直隶中央之意义,此宋之初制也。乾德以后,又置诸道转运使,并置副使判官,各视事务之繁简,以为设官之标准,或使副并置,或置使不置副,或置副不置使,或为同转运使,两省以上,即为都转运使(元时设都转运盐使,盖昉于此),或以一员为判官,自此发运使之权始分《文献通考》,言宋初盐筴,只听州县给卖,岁以所入课利申省，而转运使操其赢，以佐一路之费，初无钞引，雍熙间，始行折中法，在中央置榷货务，隶属三司，为证券交易机关。其法令商人于各边地，入中粮草，优予其值，授以要券，名曰交引。凡商人持引券至京师，即由榷货务，按照券价，给以缗钱，或移文江淮及解池，给以盐货，名曰折中。后来盐钞盐引，皆源于此。先是或议弛茶盐禁，准许通商，以省转运，因设江淮两浙制置茶盐使，终以无利而罢，至是折中法行，官卖州县，始乃开放一部分，权许通商。庆历末，范祥建议，创行钞盐，乃以祥为陕西提点刑狱，兼制置解盐司，使推行之。旧官卖地，一律通商，只行于解盐一区，然以刑官兼领盐官，亦变例也。宋制，盐铁司分掌七案。其三为商税案，四为都盐案，五为茶案，六为铁案，是各项税收，及官卖货品，皆归盐铁司主管。宋时盐茶与铁，均系政府专卖，而盐为最要，茶次之，铁又次之，故其官制茶盐并称，较诸汉唐以盐与铁并称者，殆又殊焉。元丰间，改官制，罢三司，归户部，其属有三：曰度支、曰金部、曰仓部，盐务政令，由金部主管，属于左曹课利案，掌勾考商税茶盐之数，以周知其登耗。是全国茶盐税入盈亏，及产销数目，悉归户部勾稽考核，盐务稽核，即源于此。其发卖钞引，则在太府寺，置交引课，掌印给出纳交引盐钞之事，盐铁一司，自此始废盐政事务，遂隶于中央户部，例如今之财政部，此中央官制之变更也。熙宁间，始置提举茶盐司。熙宁五年，卢秉提点两浙刑狱，仍专提举盐事。崇宁间，蔡京改钞为引，推行于淮浙京东河北诸路，别差提举茶盐。政和元年，诏江淮荆浙六路，共置提举一员既而诸路皆置。宣和三年，诏京东河北路，添置提举一员。

是提举之设，皆因改行新法钞盐（即引法）。自置提举茶盐司后，茶盐职务，即有专属，不复隶于诸路转运司。缘转运本系专理漕事，并非盐务专官，此地方官制之变更也。查提举之职，本为常平司，茶盐提举，系仿常平之例。建炎十五年，诏诸路提举茶盐官，改充提举常平茶盐公事，令两司合为一司。绍兴五年，诏诸路提举常平，并入茶盐司，仍以提举常平茶盐等公事为名。又诏两广茶盐司官吏，并罢其职事，悉委漕司。宝庆二年，诏福建盐事，亦归漕司。然建炎间，曾罢淮南东路提刑，令提举茶盐司兼领，是以盐官兼理刑事。绍兴间，以程迈为江淮荆浙闽广经制发运使，上疏以租庸分于转运司，常平分于提举司，盐铁分于茶盐司，总之于户部，发运使徒有其名，无所用之。（发运使在庆历七年，已不置正使。熙宁初，改行新法，又曾置设，以薛向为江淮荆浙发运使；及南宋时，又复设立。）综而言之，宋时盐官，或领于转运，或领于提刑，又或罢漕司提刑，而以茶盐司兼领之，或罢茶盐司，而仍以转运司兼领之，变改甚多，迄无常制。惟范祥钞法创行时，于解池置解盐司，并于京师置都盐院，建仓储盐，委官主之，仿照刘晏常平仓盐之意，以杜商人垄断之害。凡商盐斤值不足三十五钱则敛而不发，过四十钱，则大发仓盐，以压商利而平盐价，黠商贪贾，无敢邀幸，民安其业，公私便之，斯又制之善者也。至若场务官制，大都仍沿唐旧，大者曰监，中者曰场，小者曰务，如泰州通州楚州三监，皆以监辖场，而海州则置三场，并未设监，河北有滨州场，而沧州则置三务。皇祐中，陕州参军王伯愉，监沧州务，是于务之上，设监以董之。宋制场盐，亦是循用唐法，由官收买。

凡制海盐者曰亭户，制井盐者曰井户，又皆谓之灶户，制硷盐者曰铛户（即锅户，惟并州永利监有之，今晋北产区）。户有盐丁，按丁办制课盐，岁纳于官，应给工本，岁由茶盐司或转运司经画，委官给发。但解州池盐，则系晒制，例由附近州县，籍民户为畦夫，从事制造，官廪给之，盖仿汉代官制之例，实为盐业国有，比较各区，又变例也。管理盐户，收纳盐斤，固系场员专责，复设有买纳催煎运盐监仓等官（晏殊尝监泰州西溪盐仓）。其后蔡京改钞行引，更置批引掣验等官。《宋史》所谓批引贩卖，官为秤掣。凡商人支盐，受于场者管秤盘囊，受于仓者，管察视引据合同号簿，囊二十，则以一折验，其职类于今之秤放员。元时盐官，多依宋金旧制，加以损益，故自唐以降，盐务制度，要以元代为较备。

按：金代盐务，其初循辽之旧，其后多仿宋制。贞元二年，蔡松年为户部尚书，以宋代盐钞盐引，法制屡变，弊害随生，因寓引法于钞法之中，置钞引库，印造钞引，而簿给于盐使司。令商人在京于榷货务，在外于附近盐司，输纳现钱，请买钞引，赴场支盐，钞合盐司簿之符，引会司县批缴之数，批引则由盐司主之，缴引则由地方州县官主之。盐载于引，引附于钞，钞以套论，引以斤论。如山东沧州宝坻三盐司盐，三百斤为一袋，袋二十有五为大套，或十或五或一为小套，皆套一钞，袋一引。北京盐司盐，一百斤为一石，石四为大套，石一为小套，皆套一钞，石一引。解盐司盐，二百五十斤为一席，不分大小套，席五为套，亦套一钞，席一引。凡商人买引者，悉以钞计。其时所设盐使司，为山东宝坻沧解辽东北京西京等区，凡七司，实仿宋代解盐司之例。盐司以下，有副使，有判官，掌斡盐利以佐国用。其于各场，则设有管勾，掌督制及收纳盐斤之事。管勾以下，有同管勾、都监、监同等官，皆场官也。泰和三年，定盐官人选，以进士授盐使司。四年，又因山东沧州两盐司，自增新课后，所亏岁积，盖官既不为经理，而管勾监同，与合干人，互为奸弊所致。诏选才干者，代两司使，副以进士，及部令史译人书史译史之廉慎者为管勾，而罢其旧官。盐为利薮，即为弊窟。自汉以来，盐务之坏，史家皆谓官吏不良，有以致之非独金代然也。但就官制而论，唐之盐铁使，宋之茶盐司，虽绾盐政而名兼茶冶，至金立盐使司，是为盐务专官，略与汉制相类，自此始有一种之系统矣。

元初于河间山东等处，设课税所，征收盐酒等六色税，所有盐榷，不过视为一种普通税，初未设有盐官也。太宗二年，循用金制，始立盐法，盐官制度，悉沿金旧。至元十六年，灭宋以后，复采宋制，废除盐钞名目，专用引法，大都仿宋崇宁大观法而定之。故引制虽肇于宋，实定于元，时至元十九年也。在户部置印造茶盐引局，设大使副使各一员，掌印造茶盐矾铁等引。是则引之为物，凡属官卖货品证券，皆谓之引。非独榷盐用引，榷茶榷矾榷铁，亦是用引。元沿宋旧，盐务政令，悉归户部，而领于中书省。中书省者，为中央行政最高机关，类于唐之尚书省，各部皆隶属焉。元时于中央，设立都省，并于各路，特设行中书省，管理地方行政，行省名称，盖始于此。对于盐务，采用金制，设置专官，因就宋代原有盐官，另立官名。在大都河间山东河东两淮两浙福建辽阳八区，置都转运盐使司，四川一区，置茶盐转运司，广东广海云南三区，置盐课提举司，盖采宋制都转运司、转运司及茶盐提举司而设。其于重要产区，皆置都转运盐司，非重要产区，或置盐课提举司，或置茶盐转运司，名称已不统一。况唐之盐铁使，兼领转运使，是以盐官兼理漕事。宋初官搬官卖，运盐事宜，多由漕司兼办，是以漕官兼理盐运。故宋代盐务，或隶于发运使，或隶于转运使，但在实际上，究非盐务专官，所以有茶盐提举之设。宋时茶盐事例，大致相同。茶事甚简，盐事甚繁，虽名茶盐司，是以盐官兼理茶务。元则官不运盐，亦以转运名，殊未当也。元制，运盐使之下，有副使运判经历照磨等官，又有批验所，每所设提领一员，大使一员，副使一员，主掌批引掣验之事。其各盐场，每场设司令一员，司丞一员，管勾一员，主掌督制收买，恢办盐课之事。茶盐转运司所属，与运盐司相同。盐课提举以下，有都提举、同提举、副提举、知事等官。其各场场官，均与运盐司属相同。如大都河间山东河东四运盐司，在腹里各路，直隶省部。省部者，谓中书省属之户部。而淮浙闽辽四运盐司，川滇广之茶盐运司及提举司，则均隶于行省。行省为中央特派机关，与中央中书省，内外相联，本系一贯。又中央有御史台，类于今之监察院，复于各路，置行御史台。行台之设，重在纠察行省政治，一为执行机关，一为监察机关。凡地方盐务政令，有不如法者，得由行台咨御史台，由御史台转咨中书省，交户部核议，仍由都省选官，前赴该处地方，与行省行台及盐司官，会同讲究。是地方盐务，皆总于都省之户部，纵设有行中书省，不过综理地方政务，照章执行，而行台则居于监察地位，各有专责，统系分明，官制何尝不善。即就盐法而论，元时盐引，初由户部置局发卖，后又改归盐司经理，至元十九年，议定卖盐引法，命盐司亲行调度，按照销盐状况，规定引额，岁由户部，按额印造，颁发各区盐司收管，用本司印信关防，各照行盐地方，随时倒给勘合，开写引目字号，按照部定引价，依次发卖，户部主印引，盐司主卖引，此其大纲也。各场盐产，视销数之多寡，为出产之额量，盐户照额制办，中纳于官，由场官各按本场情状，酌定工本，呈司核夺。凡盐户中盐到场，随时收纳，不得留难，应给工本钱，由行省行台，遣官监临，盐司官员，逐季给付，若官有克减，或以他物移折者，计数论罪，仍令赔偿，此其场务之规章也。各场盐袋，委官监装，须按每引额重四百斤，装为二袋，均平斤重，不得短少或超过。自盐司以下，分相检校，仍于袋面，各书职名，所装袋盐，编号列垛，凡遇商人持引，到场请支，检其先后，依次支给，合照引目，挨次查盘，查讫，于引背批写某商，于某年月日某场掣盐出场，比对勘合字号相同，将引给与商人，令对盐场官，一一点检，字号年月批凿印信俱备，随盐于行盐地方，从便兴贩。若有搭带余盐，或克减斤重，及支给失次，刁蹬盐商者，随即追问是实，各依所犯轻重治罪，仍听按察使纠弹，此其掣放之规章也。凡商人运盐，赴所卖地，先行具呈报明，由盐司给发水程验单，开写某字某号，填明引数商名，并所指定之销盐县分，钤盖司印，随同引目，给商照运，沿途关津，依例查验到地住报，由所在地方官，查明盐引数目号名，与水程相符，方许贩卖。盐已卖毕，随即退引，限日赴所在官厅缴纳，并将水程随缴，如违限匿而不缴者同私盐法，仍仰各处提点正官，常切辨验拘收，傥有盐引不行批凿者，盐司及场官批验官，依例追究断罪，如提点官不为用心拘收，或有漏退引，亦行断罪，若因而阻滞客商仰廉访司纠察究治，此其运销之规章也。引制关防，始于批引，终于缴引。批引之事，由产地盐务官主管，缴引之事，由销地州县官主管。可证元时地方官厅，对于协助盐务，有应负之责任。溯考元初一切制度，多系刘秉忠张文谦许衡等所裁定，鉴于宋代盐法之紊乱，所以厘定盐法，根据唐宋以来之法度，去其所短，取其所长，虽行引制，而刘晏就场专卖，与范祥钞盐，得以稍存梗概，盐法又何尝不善。《元史》载至元年间，阿哈玛特僧格，先后执政，政以贿成，各路盐司，类多贪赃枉法，兼以权贵势要之人，诡名买引，沮坏盐务，引制虽立，势难实行。如纳速剌丁为两淮运盐使，受贿多付商人盐，计值该钞二万二千八百锭，张庸为河间运盐使，盗官库钱二万二千余锭，大德间，江浙行省平章阿里，左丞高翥，佥事张祐等，诡名买盐一万五千引，增价转售，以牟厚利。由此证之，元代盐弊，全在政府之违法，权要之营私，办理不得其人，盐法虽善，官制虽善，奚益哉。

元初制定引法，主在通商，官卖引于商，商买引于官，无论何人，皆可向官买引，赴场支盐，运至指定之地点行销。虽名引制，犹是范祥钞法之遗，本系一种有限制之自由贸易，法固善也，至元二十几年，以近场地方，私盐充斥，商贩皆裹足不前，引既难卖，人尽食私，因将附场百里之内，划为食盐地，由官置局卖盐，从盐司出给印信凭验关防,即以本处州县官,诠注局官,令其兼办。至元三十年,中书省咨各行省,言各路府州县,年例置局,发卖人户合买食盐引目,官司分期置簿,如数候发卖了毕,依数销附,尽数拘收退引申解,但有少数,照例追究。元制发卖食盐,例由各州县自备席索脚力,赴场支盐,其法按户验口,分期派买,类于强迫俵散,已是扰民。迨延祐间,引额递加,又复推广食盐额数,督勒县官,强配民食,只以恢办为名,不问民之疾苦,由此沿江并海,私盐横行,莫可禁止。洎至正时,始将食盐罢免,然食盐弊害,自至元末及至正初,五十余年,未尝更改,至是虽罢,而祸根已种,无济于事。不数年间,方国珍起于浙东,张士诚起于淮南,皆以盐徒肇祸,未始非食盐职为厉阶,斯又县官抑配之弊矣。

第二节 明清之官制

明承元后,盐法与官制,其初悉依元旧,其后略有变更。元制中央都省户部,总领盐政,外设行中书省,指挥盐司,办理盐政事务,本系互相联贯,故政权仍集于中央,明废中书省,改置内阁,以统六部,废行中书省,改置布政使司,以理地方政务,故盐务行政之权,分于地方。中央户部,设有十三司,盐务政令,由山东司主管,仅止颁给盐引,审核解部课款,其职掌不过稽核奏销,办理考成,省自为政,由兹而起,此与元不同者也。元制户部按照各区引额,将引颁发各盐司,由司出卖,此乃引制本法。明则改行开中,开中者仿宋之折中而变通之。宋制利折色,明制利本色,其法令商人输粮若干，给盐一引，准其赴场，支盐运售，谓之开中，肇起于山西，迨后各省皆仿行之。商以粮易盐，官以引给商，于是引之为物，类于一种盐粮兑换券，实为引法之变例，此又与元不同者也。元制商人输纳现钱，呈缴引价，直接向盐司请买盐引，明则开中条例，凡遇边地缺粮，由户部出榜招商，赴边中纳，仍先编置勘合底簿，分立字号，一发各布政司及都司卫所，一发各运盐司及提举司，俟客商纳粮，即由收粮机关，填写粮数，并应给引数，另付仓钞，给与商人，投呈各运盐司或提举司，各运盐司提举司，比对朱墨字号印信相同，按照引目，派场支盐，此又与元不同者也。元制设有行御史台，统监行省一切政务，盐政已括其中，行台与行省，并是永久机关。明则改设巡盐御史，始于永乐年间，肇自长芦，嗣后淮浙等处，皆命御史巡视，掌理巡视私盐，及督催课款，其无巡盐御史者，或由巡河御史兼之，或由按察司兼之。凡各区运盐司提举司，均受巡盐御史之政令，巡盐一职，为中央特派专员，其权虽重，但年年更换，贤者不足以有为，不肖者因而营私舞弊，此又与元不同者也。自巡盐以下，地方官制，悉沿元旧，于产盐区域，仍置都转运盐使司，凡有六区，为两淮两浙长芦山东河东福建，掌理盐务以听于户部，有同知副使判官，为之贰，分司其事，有盐仓大使副使，掌贮存场盐，及支盐给商，有批验所大使副使，掌批引掣放，有库大使副使，掌收纳课款，监理库贮，有经历，典出纳交涉文移，知事佐之。又置盐课提举司，凡六区，为广东海北云南灵州察罕诺尔辽东，其职掌皆如运盐司，有同提举副提举，为之贰，其属有仓大使副使，库大使副使，及吏目等官。四川初设盐课提举司，后仍仿元旧例，改置茶盐都转运司，而以提举司属焉。各区盐场，初因元旧，置司令司丞管勾，洪武十五年，改设盐课司，置大使副使，掌监理产制，督催课盐，及收买发放之事，盖自唐以降，沿宋而元而明，皆为就场专卖，引制根本，即在官收场盐，故以盐课名官也。明自成弘年间，余盐开禁，准许商人下场收买，以补正引，于是权势之人，诡名中盐，买窝卖窝，奸人借以贩私，官司莫敢问，巡盐御史，多有引嫌避谤，不肯依时监掣，盐务败坏，已达极点。法规虽严，视若弁髦，即盐官之枉法者，亦皆毫无顾忌。弘治初，户部尚书李敏，以盐法废弛，整治甚难，请简风宪大臣，前往清理，乃命户部侍郎李嗣赴两淮，刑部侍郎彭韶赴两浙，俱兼都御史，赐敕遣之。正德初，复仿其例，又命大臣清理淮浙福建等区盐务，未几而刘瑾用事，摧残盐官，整理计画，格不能行，杖巡盐御史王润，逮捕运盐使宁举杨奇等，由此盐务官员，率承中珰意旨，更无盐法之可言矣。嘉靖间，议设都御史以整理之乃命副都御史鄢懋卿，总理淮浙芦东盐务。旧制，大臣无一人统制四盐司者，懋卿严嵩党，缘嵩之力，得握利柄，所至揽权纳贿，监司郡守，膝行蒲伏，苛敛淮商，几至激变，嵩败后始落职。隆庆中，议者又以开中初制，令商人就边地招民垦种，谓之商屯，故欲业盐不得不报中，欲报中不得不输粮，欲输粮不得不耕塞下之田，盐法边储，两有裨益。自叶淇改折，开中法坏，淮商撤业，西北商亦多徙家于淮，边地为墟，商屯尽废，请复招商屯边，乃命签都御史庞尚鹏，总理盐屯。尚鹏自江北躬历九边，先后疏列盐法及屯垦便宜，奏辄报可。诸巡盐御史，以其权重，共嫉毁之，遂罢屯盐都御史。此皆特置机关，其职权在巡盐御史之上，均因整理而设者也。万历间，矿税大兴，中官四出，昌黎则田进，河南则鲁坤，山东则陈增，山西则张忠，浙江则曹金，福建则高寀，广东则李敬，湖广则陈奉，陕西则赵钦，云南则杨荣，无不以矿税使，兼办盐税。大珰小监，纵横骚扰，率以盐商为奇货，而两淮则又特置盐监，以鲁保为盐使，是于巡盐御史及运盐司之上，复命中官以监之，官制至此，紊乱极矣。万历四十五年，以两淮积引过多，特置两淮盐法疏理道，擢袁世振充其任，于是改行纲盐，凡纲册有名者，准许永远占引，据为窝本，专商弊根，即由此起，而实发端于两淮，讵非疏理道之设，有以致之欤。

按：明代盐务，自成化弘治以后，朝纲既紊，法禁无所施，最大弊病，厥有两端，一坏于权要之占引，一坏于阉党之肆扰。故虽设有专官，而百务废弛，几至不可收拾，因遣派大臣，特置机关以图整理，而整理方针，又复不能从根本着手，以致愈整理愈败坏。明沿元旧，循用引制，本是一种就场专卖，全在官收场盐。明自永乐年间，钞法不通，钞价日贱，迨成化时，每钞一贯，仅值钱一文，例给盐户工本钞，久已名存而实亡，灶丁贫困，既苦无资以办盐，场官督催，犹复按丁以纳课，逋欠日积，往往逃徙。致令正盐缺乏，引无从支，因令盐户每引，折交银三钱或二钱，给与商人，准其自行下场，收买余盐，补充正引。及弘治初，遂乃改行折色，折纳课银，盐户以盐为业，不缴盐而纳银，盐非私卖，何自得银，私盐盛行，亦原于此。矧盐户所得工本，无异虚钞，是政府并不收盐，空卖盐引，所谓引制者，从此荡然无存。故盐引之制，起于宋代,成于元代,而实亡于明。及万历间,纲盐既兴,盐法始与古大变,清代沿而弗改,竟以明末遗传之弊法,著为定制。此实古今一大关键。

清承明后,盐务官制,大都沿明之旧,鲜所更改。中央户部,职掌盐务政令,专司奏销考成,岁由山东司,按照各省咨部清册,将销盐引数,征课收数,比较原定引额课额,分别已完未完,加以考核。凡销引征课,总作十分扣算,所有各省督销引盐,经征盐课,及催征等官,如全销全完者,照例议叙,其有不及额者,即按分数,分别议处。此则中央户部,虽为管理盐务最高机关,在实际上,仅止审查奏销,办理考成,完全为稽核事务。但各省收支款项,向分内销外销,报部者不过十之二三,均系内销之款,其外销各款,并不报部。部中案牍,以一款为一案,全国税收,从无统计,审核奏销,只凭各省册报,有稽核之名,无稽核之实,此盐糊涂所由称也。清初地方盐官,悉循明制,后亦略有变通,凡产盐省分,于长芦山东两淮两浙两广,皆设都转盐运使司(元明为都转运盐使,清改为都转盐运使,盐运司名称始此)。自盐运司以下,有运同运副运判,分司产盐之地,辅助盐运司,以分治其事。有监掣同知,掌掣盐之政令,有库大使,掌收纳盐课及其库贮,有批验大使,掌批盐引之出入,及掣验放运之事,有经历知事,掌稽核文书,有盐课大使,掌盐场及池井之务,监理产制,日稽其所出之数,以杜私贩之源,或主场务,或主掣放,或主批引,或主征课,分职办事,固各有专责也。至若事务较简区域,只设盐道,不设盐运司,若河东福建云南四川,则设盐法道以领之(河东福建,曾置盐运司,后改设盐道，四川则因元明旧制，曾置茶盐转运使，改设茶盐道），其所属官吏，略与盐运司属相同。而云南盐课提举司，则隶属盐道，分辖盐井，与运司所属分司相等，较诸明制，殊又殊焉。销盐省分，亦设盐法道，主管岸销事宜，或以兵备道兼充，或以粮储道兼充，或以驿巡道兼充，亦有专设盐法道者，凡所属州县，销盐分数，是否全完，督销引盐，是否得力，例由盐道考察，呈报兼管盐务之督抚，归入年终汇奏，交部查核。又川滇两区，除重要场分，置立专官，余则多以知府州县，或佐贰官兼管，地方官制，大体如此矣。官制与政策，相辅而行，元时设运盐使，主在卖引给盐，设场司令。明改为盐课大使，主在收买课盐，以备商支。清则引非官卖，盐归商收，采用明末纲盐弊法，招商认岸，领引办课，纯系一种包商制，商人按引缴课，所谓引者，不过为一种收税票单，固无引制之可言也。明末奸商专收边引，持引下场，贱买余盐而贵卖之，名曰囤户，此乃场务极大之弊。清初对于囤户弊病，未能革除，又复设立场商，准其正式收盐，坐享厚利，各场盐产，既非官收，亦无盐课之可言也。法制既变，仍袭前代旧例，置盐运司与盐课大使，名实已不相符。查清代盐法律条，多系明律旧文，即在明末时代，并不适用，而清律依旧存载，毫未删改，无怪厘定官制，亦不讲究，其疏略从可知矣。清沿明制，在产区置巡盐御史，定例亦是一年更换，名为盐差。顺治十年，停差御史，将盐务事宜，交由盐运司专管。十二年，户部奏言运司权轻，难以纠劾镇将，抑制豪强，禁止私贩，请仍敕都察院，选择廉能风烈御史巡察，从之。康熙七年，吏部户部都察院会奏，盐差不必专差监察御史，应差六部郎中员外郎，及监察御史,选择廉干之员,每处差满汉官各一人。八年,户部侍郎李棠馥,条奏巡盐原差监察御史,不独综理盐务,兼有举劾地方官员,并查拿恶棍之责,请将六部司官停差,仍旧专差御史,诏如所请。十一年,左都御史杜笃祜,奏准停差巡盐御史,归并各督抚管理。直隶巡抚金世德,遂奏言直属事务殷繁,长芦盐务,巡抚势难兼顾,应请仍差御史专理。经九卿会议覆准,应如所请。其淮浙河东等处,亦仍照例差御史巡视。但清代既废引制,改行包商,又虑各商所包引额课额,或有堕运亏课者,责令地方州县,担负监督,名为官督商销,故各省督抚,纵不管理盐务,皆负有督销之责。而巡盐御史,一年瓜代,率多巧立名目,私取陋规,兼以盐差与督抚,一则督征盐课,一则督销引盐,各有专司,未免意存畛域,于盐务每多掣肘;其实销地各官,因有督销关系,需索规费,亦是不免。雍正二年,因又停差御史,改归各省督抚兼理。诏谓盐差之弊,多在加派陋规,官无论大小,职无论文武,皆视为利薮,照引分肥,官盐由此日贵,私盐得以横行,故逐年之课,难以奏销,连岁之引,尽皆壅滞,讵非加派所致。巡盐御史,地方官或不受约束,今归并督抚,则谁敢抗违。盐差每年更易,督抚兼理,则无限期,必严除加派,实力奉行,庶弊绝风清,不负归并之本意。无如查出陋规,仍令商人如数完纳,谓之归公。以贪吏之私赃,作解部之正款,既大失政体,且更以病商。盐务官员,复于归公之外,私行勒索,盐差虽裁,弊仍如故。洎乾隆初,依旧特派盐差,改为盐政。乾隆四十三年,又以事权不一,诏谓河东事务甚简,非两淮长芦可比,著令山西巡抚兼管,呼应更灵,自有裨益。及至道咸年间,各区盐政,陆续裁撤，改归总督或巡抚兼管，各省督抚，皆带管理盐政衔，但是陋规未能革除，盐务终无起色。凡额引滞销，额课亏欠者，盐官从不过问，遂致包商变为专商，而陋规一项，实为专商之保障。即就两淮论之，盐运司署书吏多至十九房，商人领引办运，文书辗转，至十一次之繁，经过大小机关十二处，节节稽查，徒为索取规费之具，此乃产区之弊。若销盐区域，则上自督抚盐道，下至州县委员，皆借督销名义，莫不鱼肉盐商，分润盐利，各衙门陋规，大者数万，小者数千，楚岸共约一百万两（楚岸即今鄂湘两岸，）西岸共约四十万两，不问费所由来，第以岁定额规，争相贪取。且于额规之外，复有重支，有预借，国家税课几何，每年亏欠甚钜，而规费则有加无已，反丝毫无欠，楚西如此，苏皖可知，两淮如此，其他各区，亦皆可知。推论弊源，固由商人专岸，便于指索，然自雍乾时代，报效例开，淮商捐输，动辄数百万两，两浙芦东，多则百万，少亦数十万，虽名报效，无异受贿，是以政府之尊严，犹且贪得贿赂，上有好者，下必甚焉，国家之败，由官邪也，官之失德，宠赂彰也，故报效者实为清代一大弊政。自应从根本上清理，废止报効，务使政府本身，勿得攘利坏法，然后陋规弊习，可以禁革。否则仅仅变更官制，庸有济耶。

清自乾隆时代，报效既多，商力疲敝，各省盐务，皆有不可收拾之势。故及嘉道年间，言事者屡以取消专商，改革盐法为请。道光十二年，因将淮北改行票盐，于板浦场之西临疃太平堰，中正场之花垛垣，临兴场之临浦潼、富安疃，各设一局，专管场盐买卖放运。无论何人，皆可赴本场大使公署，照章纳税，请票赴局，买盐运贩，名为票盐，实类于就场征税。道光三十年，复将淮南，亦改票盐，其办法虽仿淮北，而设计较详。如运司为盐务总汇，其积弊过深，殊难禁止，则改为纳税领票，于扬州设立总局办理，以清运司衙署勒索之弊。汉口为湖广总岸，其匣费虽裁，而暗中规费，仍是不少，则改为验票发贩，于九江设立总局办理，以清楚西各岸摊派之弊。当时改法设局，重在榷运，虽于场务官制，未有更张，而专商废除，已能收一时之效。及同治初，票盐改章，专商复活，并于鄂湘西皖四岸，设立督销局。由两江总督，派委江南候补道员，充任总办，以湖北湖南江西各盐道为兼办。（皖岸无兼办。）其淮北督销局，则以正阳盐厘局长，兼任总办。又于仪征设扬子淮盐总栈，亦以道员充任总办。凡督销局仪栈之总办，均系一年更易，职事丛脞，莫可究诘，惟以营私舞弊为主义，江南候补道员，至达二百余人之多，皆因营谋盐差而来。故前清末季，盐务弊病，要以四岸为最甚。自两淮置设督销后，各省多仿行之。若两浙之苏五属，及台州温处广信徽州等处，皆设有督销局。洎光绪末，河东则有潞盐督销局，陕西则有西安督销总局，暨凤汉各局，直隶则有口北督销局，承德则有热河蒙盐督销局。至于官运，则有官办，有局办。官办者，由地方州县官，领引办运自雍正时，于福建广西，开其先例。嗣后广西仍归商运，而福建官办，迄未停止，故商帮之外，复有商帮，若山东之北运，亦归官办者也。局办者，设立专局，委员办理。如道光年间，山东南路，私盐充斥，凡滞销各县，引岸皆悬，不得不改行官运，设局试办。同治六年，因于归德设立南运总局，是为局办所由始。及光绪初，四川滇黔边岸，则因商弊已极，改行官运。光绪末，吉林黑龙江，则因创设行省，酌定官运。广东潮桥，则因商力疲困，改行官运。江苏之淮徐六岸，江西之建昌五岸，则因邻私侵占，改行官运。四川之腹地计岸，则因仿照边岸办法，改行官运。长芦之永七，则因奉私冲销，久为废岸，改行官运。其中惟四川及吉黑两省，为官运商销，余则官运官销。而福建亦改官办为局办，于盐道署内，设立总局，委员办理。盖晚清时代，整理盐务，趋重于官运，故至宣统初年，山西北路，亦有改办官运之举。其实官运之弊，无论官销商销，较诸商运为更甚。闽督左宗棠，尝论其害，谓办运者扣费以入私囊，批销者卖私以取盈余，开支挪垫，虚抵搪塞，上下分肥，弊端百出，所领成本，逐渐消磨，此其所论，极为明了。若就官制言之，盐务既有专官，又复置设督销官运各局，运司之权既分盐道亦成虚设。况各局总办，年年更换，所任员司，多系私人，以重要之机关，几为督抚调剂候补大员之差缺，盐务安得不坏。其尤坏者，如湖北之川盐厘金，湖南之川粤盐捐，江西之浙粤盐口捐，河南之潞盐东盐加价，率由各省自行派员，设局或设卡征收，而主管盐务之运司盐道，及督销局，反不能过问。他如陕北甘肃，所收花马惠安池盐，漳西井盐，及蒙青盐之厘捐加价，或归藩司，或归统捐局，并无专官经理者，更无论也。是则咸同以降，省自为法，厘价并征，倍于正课，各省盐务，纷如乱丝，故官制亦呈紊乱之状况。

光绪三十二年，因清理财政，始议修正官制，于是年九月，改户部为度支部。三十三年，奏定度支部职掌章程，废除山东等司名称，改设筦榷司，掌各直省盐法，稽核引票课厘租税规羡杂款加价折价场课灶课井课畦税各项考成，奏销春秋拨册各款。此项章程，仍系根据清初旧例，盖中央最高机关，对于盐务，向以稽核为主，而用人行政，固隶于地方，不属于中央。稽核名词，亦原于此。宣统元年，又以各省盐务，纠缪纷纭，非统一事权，无以收整顿之效，始于中央设督办盐政处，派度支部尚书载泽，兼任督办盐政大臣。其产盐省分之东三省直隶两江两广闽浙四川云贵陕甘各总督，山东山西浙江各巡抚，本有兼管盐政之责，均为会办盐政大臣。销盐省分之湖广总督，吉林黑龙江江苏安徽江西湖南河南广西贵州陕西各巡抚，于地方疏销缉私等事，考核较近，呼应亦灵，均兼会办盐政大臣衔。此则改革初步，主在祛地方分权之害，谋中央集权之规。明定责成，划分权限，凡各省盐务，一切用人行政，均由盐政处主管。凡疏销缉私，均由各省督抚，协助办理。其各省产运销改良法，得由督抚随时咨商督办大臣核办。各省税收，无论新旧正杂，一切款项，应由运司盐道，及经管盐务之各总局，详请督办大臣核明，咨报度支部候拨，外省不得擅动。其各省动支款项，先经奏咨核准有案者，得由运司盐道，及经管盐务之各总局，详请督办大臣核明，照旧拨解，仍咨度支部查核，此内外之权限也。凡盐务一切因革损益，均由督办盐政处主持，会商度支部办理，凡收发引票，动拨款项，核覆奏销考成交代等事，均由度支部办理，此又中央部处之权限也。改章伊始，只将从前督抚管理盐政之权，稍稍集于中央，所有运司盐道以下各官，差缺之不相辖，名实之不相符，积习相承，依旧未改。宣统三年，又以盐务为财政大宗，盐务各官，向无统系，自非改定官制，特设京外盐务专官，无以收絜领提纲之效。因将督办盐政处，改为盐政院，设盐政大臣一员，管理全国盐政，统辖全国盐官。于盐政院内，设盐政丞一员，以襄理鹾纲。设总务厅，掌机要铨叙会计收发，并筹拟法制编订章程等项事宜。设南盐厅，掌淮浙闽粤盐务。设北盐厅，掌奉直潞东盐务，川滇附之。各置厅长一员以领之。其在外省，则于产盐区域，设正监督，销盐区域，设副监督。产区正监督，掌所属产盐运盐销盐缉私各事务，即以长芦山东两淮两浙广东，及新设之奉天，改设之四川各运司，均改为正监督。河东福建云南各盐道，直辖场产，一律改为正监督。销区副监督，掌所属运盐销盐缉私各事务，但鄂岸暨淮北，兼辖井产场产，即以淮南之鄂湘西皖四岸，及淮北各督销局，并湖北川盐厘局，均改为副监督。江南盐巡道，原管江宁食岸督销，而金陵下关，又为掣验鄂湘西皖四岸盐船之所，地势极为扼要，即改为淮南江岸副监督，管理江宁食岸督销，并大通以下，扬子栈以上，掣验缉私事务。粤盐由广西运至湖南贵州云南等处，地方辽阔，应将桂平梧道所管盐法划出，另设广西副监督，管理广西湖南等处粤盐督销缉私事务。滇黔官运川盐，事繁款钜，仍照从前官运局，另设四川滇黔边计副监督，管理滇黔官运川盐事务。陕甘之大小花马池等处，产地甚多，销路甚广，特设副监督，管理大小花马池、西和、陇西、并陕西马湖峪，及边外蒙青等盐产运销及缉私事务。凡副监督所管事务，应由正监督稽核，正副监督以下各官，产盐销盐以及经收课厘等项，应由盐政院酌定比较，考核成绩。盐务收入各款，由正副监督，随时解交国库，听候度支大臣指拨，一面将解交银数日期，报明盐政院查核，各省盐务征收支解款目，应由正副监督，按季呈报盐政院查核。正监督于各岸副监督报销款项，应详细稽核。会同呈报盐政院，共负责任。各省正副监督所属委任各官，有管理银钱出纳之责者，应令取具殷实铺户，相当保单，此其编制暨章程之大概也。其原有湖北武昌盐法道，湖南长宝盐法道，广西桂平梧盐法道，甘肃宁夏盐法道，平庆泾固化盐法道，均撤去盐法字样。河东福建云南江南等处盐道，原兼分巡兵备船厂税关水利等项事宜，应由各该省督抚奏明，另归实缺司道兼管，以免牵混。河南江西藩司，陕西巡警道，亦均无庸兼管盐法。自此改定官制以后，正副监督，均由盐政院直接管辖，各省督抚所兼会办盐政大臣，及会办盐政大臣衔字样，概行撤销，以清权限。惟督抚身任封疆，本有绥靖地方之责，咸丰以前，长芦两淮等处盐政，多系钦差御史等官巡视，其时各省督抚，虽不兼任盐政，而遇有盐务与地方关涉事件，亦无不竭力维持。盐务关系国税，疏销缉私，全赖地方长官协助，原属应尽之职务，仍应由各省督抚，转饬所属文武，切实办理。此项官制，实为一种独立制与唐之特设盐铁使，颇为相类。但盐铁使系以特派重臣而居于外，清之盐政院，则以独立机关而设于内。虽规画未尽完备，要为官制一大改革。设立未久，适值武昌革命，旋即裁撤，仍将盐政事务，归并度支部办理。

按：清代盐法，虽掌于户部，行政之权，实分于各省盐政。盐政之官凡三变，始则专差御史巡视，继则改归督抚兼管，终则置立盐院，特设大臣以统辖之。此其内外政权之消长，要亦时势使然。运司盐道，亦以时增设裁改，至盐院成立后，又有改设监督之议，而未见诸实行。其时预备立宪，首以整理财政为最要，并因从前各省盐务，极不统一，经宪政编查馆，奏颁行政纲目，谓各省督抚兼管盐政之制，亟应废除，改为直接官治；又谓盐官应另行编制，直接京部，不隶督抚；嗣又以办理盐政，应有直接行政机关，督办盐政处之设，即原于此。缘从前京部，只有稽核之权，并无行政之权，所谓稽核者，仅凭各省咨部清册，不过虚应故事，盐法至此，实有不得不改之势。究则盐务弊根，由于踵袭明末纲盐，酿成商人专岸，一弊而无不弊，非徒官制不善已也。迨后改设盐政院，行政机关，固是独立，但于改革政策，仍无规画。仅将督抚用人之权，收归京院，并集财权于中央，如督办盐政处章程所云，各省盐务，无论新旧正杂，一切款项，应由督办盐政大臣核明，咨报度支部候拨，外省不得擅动，改制宗旨，即是注重此点。故自宣统元年十一月设立督办盐政处起，至宣统二年十一月裁撤盐政院止，两年之内，除更动人员，委派差缺外，对于整理盐务，并无建白。虽旋设旋废，未有结果，然民国初年，创立稽核所，及以财政总长督办盐务，实亦根据于此。

第三节　民国之官制

民国承清季之后，当光复之际，其时盐政院甫经裁撤，旧法既已废止，新制亦未施行，各省盐务，漫无统纪，机关之组织，多以废除运司为前提。如两淮则改为盐政局，后又改为盐运局，两浙亦改为盐政局，并析苏五属为江苏盐政局，广东福建云南则改为盐政处，四川则改为盐政部，后又改为盐务局，湖北则废督销局，改为淮盐总局，湖南亦废督销局，改为盐政处，惟长芦山东河东及东三省，仍沿清旧，暂维现状，无有变更。当此之时，盐务官制，尚未厘定，改革盐政，业有动机，皆是主张取消专商，破除引岸，四川则已废止官运商销，改行就场征税，广东则已废止柜商，改行自由贸易，福建则已废止商帮，改行围场官专卖，或主征税制，或主专卖制，改革计画，不能外此两大端，自应决定政策，乘机整理，将从前积弊，一扫而空。元年九月，周学熙任财政总长，深虑改革实行，设法反对，先从官制着手，恢复前清地方盐官制度，于是年先后任命长芦山东东三省两淮两浙福建广东等区盐运使。其时适值财政困绌，募借外债，拟以盐税，作为担保，于是有整顿盐务之宣传，因在财政部内，设立盐务筹备处。又以革命之后，各省盐款，解部者为数无几，此项税收，能否足敷偿债之用，外人不无怀疑，借款交涉，屡议屡辍，不能不预为保存，于是有稽核机关之发生，复在财政部内，设立稽核造报所。二年一月，乃由大总统命令，盐务收入各款，应自民国二年一月份起，专款存储，无论何事，概不得挪移动用，庶几内巩财权，外昭国信，应设盐务稽核造报所，专司考核款目，是则盐务处与稽核所之设，皆为进行借款起见，对于改革，并无诚意。查稽核章程，北京总所，于总办外，任用洋员一人，充当会办，各省分所，于经理外，任用洋协理一人。各省分所，专司盐务之收入支出，及行盐之数目，凡各省产制运销各项行政事宜，不在总所及各分所权限之内，惟行盐数目，关于税收，行盐引票,可由所员签印给发,由此行政与稽核,分为两大部分,已与官制原则不合。讵意财长周学熙,复提出借款大纲,与银行团磋议,而盐务官制,遂与借款合同,亦有关系。盐税收入,担保借款,为一问题,改良税收,整顿盐务,关于中国行政,另为一问题,竟将官制订入合同,铸此大错。查善后借款合同第五款所载,其最要之点:一、发给引票,汇编各项收入之报告及表册,均由总所总会办专任监理。二、各分所经协理,会同担负征收存储盐务收入之责任,监理引票之给发,暨征收各项费用及盐税,并将收支各事,详细报告该地方盐运使,及北京稽核总所。三、各产盐地方盐斤,纳税后,须有该处经协理会同签字,方准将盐放行。四、所有征收之款项,应存于团银行,或存于银行以后所认可之存款处,归入中国政府盐务收入帐内。五、盐务进款帐内之款,非有总所总会办会同签字之凭据,不能提用,该总会办,有保护盐税担保之各债先后次序之职任。民国三年,改订之稽核章程,即以此项合同为根据,凡在产盐区征税后放盐,须以分所经协理会同签字之单据,或以该分所印信为凭,其管理称盐,及由仓坨放盐事务各员,应为分所属官,经协理暨其所属之称盐及放盐之员,对于场坨放盐,须稽查是否有正式准单,是否照章完全纳课,是否只照允准之数量放出,并按时期,向该分所所辖地点内之场坨查视。是收税放盐,完全由分所主管,而纳税以后,始准放运,实为先税后盐之政策,亦即就场征税之基础。盐政改革,因缘稽核制度,得以进行,具有相当成绩。稽核总分所,是中国盐务机关,纵令任用洋员,亦是为中国服务。最大缺点,惟在盐税收款,须存于外国团银行,非独损失国权，抑且影响金融，咎在订债约者，毫无考虑，急于饮鸩以止渴，不知木腐而虫生，此乃极一不幸之事。若就盐务而论，则机关新设，制度优良，既无旧染之污，且收整顿之效，实于改进盐法，大有裨益。况稽核所主掌收税，对于外国债权，自当负责，而行政机关无与焉。所以民国二三年间，稽核所成立后，开始整理盐务，议者不明真相，遂因其与借款合同有关，集矢于稽核所，殆与事实，未能尽符，即不免有种种误会，固宜分别观之。

民国二年九月，裁撤盐务筹备处，改设盐务署，定制，财政总长兼任盐务署督办，财政次长兼任盐务署署长（其时北京政府各部，均置一次长，惟财政部因有管理盐务关系，置两次长，以一次长专任盐务，）并兼任稽核总所总办，将造报二字删去，改为稽核所，仍依原例，于总所设总办一员，洋会办一员，于分所设经理一员，洋协理一员，稽核所直接受财政总长之管辖。当时厘定官制，缘受借款合同之束缚，与原定计画，不能相符。盐务署原系采用前清盐政院及海关税务处之例，本为独立制，嗣因借款合同，载明中国政府，在北京设立盐务署，由财政总长管辖，故采兼领制，由财政总长，兼任督办，以符原文。但盐务署官制，自民国二年九十月间，业经规定，延至三年五月，始克颁布。于署长下，置设一处二厅，曰总务处，曰场产厅；曰运销厅（原定有筦榷一厅，主管税务，因与稽核所职掌相冲，遂乃删除。）在行政上，固为中央最高机关，而地方官制，则迄未酌定，悉沿前清之旧。于产盐区域，置盐运使司或运副，于销盐区域，就原有督销官运等局，改设榷运局。抑知扬子四岸督销，义主官督商销，改局以后，重在征收岸税，是有榷而无运。吉黑两省官运，向系官运商销，采运盐斤，并在营口照章缴税，是有运而无榷。若花定一区，只在盐池定边两县，为大花马池产地，何能包括甘肃全区，所定名称，均未确当。既以榷名，即与稽核职权抵触，而当时议者，乃又根据借款合同，谓稽核机关，只能在产区设立，销区税收，不在稽核范围，凡行政机关，遇有权限争执之事，莫不以合同为口实，抑已偵矣。查民国二年底，曾订盐务署顾问办事章程，载明稽核总所会办，应作为盐务署顾问，凡整理盐政，及运销各处盐斤办法，官运商运民运，均包括在内。并发紧要命令时，于未决定实行以前，须得顾问之同意。顾问与署长，对于所商各事，有不同意者，须呈由财政总长核夺。此项章程，自三年二月，以部令公布。议者复谓总所会办，后以洋顾问兼职，侵涉盐务行政，如长芦开放官运引地，本因总所提议取消商岸，改行自由贸易而起，迨后招商包运，成为一种假改革，可证洋员对于行政，未曾干涉，盖借款合同，将官制订入，利在维持引票，顾问章程，专重运销，未及场产，亦系别有作用，物必自腐，其信然矣。民国三年二月，稽核新章公布后，重新改组，总所自总会办以下，分设三股，曰英文股，曰汉文股，曰会计股，股长以下，分科办事，各区分所，内容组织，略如总所之例。至于扬子四岸，为销盐区，按照借款合同，未便设立分所。于三年间，在汉口置驻汉总稽核处，特派华总稽核员一人，洋副总稽核员一人，在各榷运局，委驻稽核员，专司审核盐款帐目，及收发盐斤之事，征收岸税，仍由榷局收纳。及八年间，裁撤总稽核处，于鄂湘西皖，各设稽核处，特派华稽核员一人，洋副稽核员一人。又如吉黑官运余利，虽非税款可比，然关于盐务收入，自应审核，于四年间，在哈尔滨置稽核处，特派华洋稽核员监查榷局运销盐斤，及余利款项，此则销盐区域，只设稽核处，不设分所，华洋稽核员，其职权与经协理相等，盖变例也。若甘肃一区，产盐甚多，兼销蒙青盐斤，口北晋北两区，所销之盐，向以蒙盐为大宗，本区亦产土盐，按照稽核章程，关于收税事务，自应统归总所直辖。三年十一月，始将口北热河两榷运局，一并裁撤，在多伦置收税总局，特派华洋助理员，充任收税官，综理其事。同时盐务署，亦于口北设立蒙盐局，管理收盐暨缉私事宜。其后于六年间，在甘肃兰州，置花定收税总局，七年间，又在山西太原，置晋北收税总局，此则虽属产区，税入无多，只设收税总局，不设分所，亦变例也。总之，民初官制，既将政务与税务划分，以盐务署及所属，主掌行政事宜，以稽核总所及所属，主掌收税事宜，事权不一，责任不专，盐务是整个的，稍有牵制，即难进行，就令和衷共济，同力合作，究不免枝枝节节而为之。故在民国十六年以前，改革政策，终未贯澈，仅能达到一部分，则以场产运销及缉私，未尝切实整理耳。兹将民初盐务机关，略述于下：

甲　盐务署所属之机关

（一）盐运使司，凡十，曰长芦，曰山东，曰东三省，曰两淮，曰两浙，曰两广，曰福建，曰河东，曰四川，曰云南。

长芦福建等区运使，于民国元年，先后置设，二年，置河东云南两区运使，三年，始任命四川运使，十六年，曾裁花定榷运局，改设花定盐运使，设立未久，旋又裁废。

（二）运副，凡六，曰淮北，曰松江，曰潮桥，曰厦门，曰川北，曰青岛。

淮北于民国元年，废海州运判，改设淮北总场长，三年，改为场务局，旋裁场务局，改置运副。松江于元年，曾设盐政局，二年，改为苏五属榷运局，三年，裁榷运局，改置运副。潮桥旧有运同，于元年废止，四年，始置运副。川北运副，亦于四年置设。厦门于九年置设。青岛则因收回时，曾由盐务署，派员驻青，管理盐田事务，于十三年，改置运副。

自民国三年五月，颁布盐务署官制后，于九十月间，先后以署令颁布运使暨运副公署章程，凡产盐区，设盐运使管理盐务行政，其区域较广大者，更设运副以辅之，自运使运副以下，各设总务场产运销三课，办事员额，视各区情形而定。其所属各场，设场知事一员，承盐运使或运副之命，掌理各该管区域内之产制贮藏，及仓坨盐警，并监督捆运征收场课各事宜。各场得设佐理员，有文牍会计稽查等员，帮同知事，办理一切，其场区较广者，另设场佐，辅助知事，分掌场务。

（三）榷运局，凡九，曰鄂岸，曰湘岸，曰西岸，曰皖岸，曰宜昌，曰晋北，曰花定，曰广西，曰吉黑。

民国二年，将前清督销官运等局，改为榷运，先后设吉林黑龙江汉口长沙南昌大通宜昌河南正阳江宁建昌苏五属热河口北晋北等十五榷运局。三年，又设永七花定贵州广西榷运局，并将吉林黑龙江两局，并为吉黑局，其河南正阳江宁苏五属热河口北六局，一律裁撤。四年，又将永七建昌贵州三局裁撤。

榷运局本属销区行政机关，各局设局长一人，下设总务运销筦榷三课，于本区重要地方，得酌设分局，其隶属分局管辖者，则为分卡，局设局长，卡设卡长，皆因事务之繁简，酌定办事员额，惟吉黑向系办理官运，设有采运转运等局，于民国八年，核定裁局设仓，仍留分局名义，以仓长兼任局长，主管收盐发盐事宜，并于长春哈尔滨，设两总仓。花定晋北，则系产区，故所属设有产盐局，若口北蒙盐局，其性质亦与榷局相类。河南于十六年，复设榷运局，后又改称督销局。

乙　盐务稽核总所所属之机关

（一）稽核分所，凡十有三，曰长芦，曰山东，曰奉天，曰河东，曰扬州，曰淮北，曰两浙，曰松江，曰福建，曰广东，曰川南，曰川北，曰云南。

民国二年一月，创立稽核机关，原定在产区设置分所。于二年间，先后设长芦山东奉天河东两淮两浙福建广东八处。三年，又设四川云南两处。是年六月，核定苏五属盐斤，一律在上海征税，杭州两浙分所，只任秤放之责，添设松江分所。又以济南场盐，运销扬子四岸，事务殷繁，专设淮北分所，名曰海州稽核分所，后改称淮北分所，其两淮分所，改称扬州分所。四年，又以四川产区辽阔，添设川北分所，原设之四川稽核分所，改称川南分所。

自三年二月，稽核新章颁布后，内容改组，自经协理以下，置文牍会计两课，各设主任一员，文牍主任，掌管理汉英文事件，会计主任，掌综核收支事件。复设分支机关，以分办征收秤放，及查验各事宜。

稽核分所，主管收税放盐，事务繁重。凡产区广大者，于分所下，酌设支所，派委华洋助理员各一人，辅助经协理，分治其事。若长芦之丰芦，山东之王官，淮南之泰州十二圩，淮北之青口陈家港，两浙之宁波，福建之厦门，松江之叶榭，广东之汕头平南，川南之五通桥，云南之黑井白井磨黑井，皆因事务之需要，陆续组设。

（二）稽核处，凡七，曰鄂岸，曰湘岸，曰西岸，曰皖岸，曰重庆，曰宜昌，曰吉黑。

民国三年四月，始置驻汉总稽核处，以汉口为驻在地。专司稽核鄂湘西皖四岸宜昌各榷运局，及沙市运销局盐款盐斤，（沙市运销局，于民国九年裁撤，）并于各局，委驻稽核员。八年八月，裁撤总稽核处，改于四岸，各置稽核处。九年十年，先后设宜昌重庆稽核处。至吉黑稽核处，则于四年一月设立，盖仿驻汉稽核处之例。

稽核处之设，原因各岸榷运局，所收岸税，既系按引征收，自应由稽核所查核，奈因借款合同关系，由盐务署与稽核总所，会同议决，置设驻汉总稽核处，华总稽核员，洋副总稽核员，均由盐务署长呈明财政总长委派。各岸驻局稽核员，由盐务署遴员委任，归驻汉总稽核处指挥监督。此项变通办法，在名义上，虽属稽核，在实际上，乃归盐务署管辖，统系不明，已可证见。开办以后，毫无效益。故至民国八年，改在各岸设立专处，直接由稽核总所管辖，其组织法，略与分所相同。

（三）收税总局，凡三，曰口北，曰晋北，曰花定。

民国三年，整理长芦盐税，以口北附近芦盐销区，蒙盐税轻，不免侵冲，于是年将口北热河榷运局裁废，改设口北收税总局，以便整理蒙盐税收。是税局之设，以口北为最先，其后因花定榷运局，弊窦滋多，税入短绌，不能不设法整顿，于六年四月，设花定收税总局，七年四月，又设晋北收税总局。近今如河南陕西西北等处，皆设收税总局，盖仿其例。

收税总局，设华收税官一员，洋副收税官一员，皆以助理员充其任。自华洋收税官以下，有文牍会计两课，其组织略如支所。当开办之初，各属盐税，多由蒙盐分局，或榷运分局兼收。对于税务，虽受税局节制，而权限究未划清。且行政机关人员，随时更易，与稽核久任之制相背，故其后收税事务，遂乃委派专员，设立分局焉。

民国十二年，国民政府，在广东时代，收管广东分所，改称广东稽核所，组织一切，悉任其旧。但因稽核制度，与善后借款合同相关，损失国权甚大，主张取消。并以官制亟宜统一，于十五年四月，将两广盐运使，暨广东稽核所，同时裁撤，改置盐务总处。十六年六月，国民政府，奠都南京，因在财政部内，设盐务处，并将淮南两浙松江福建各产区，鄂湘西皖各销岸，所有稽核机关，一律停止，暂由运使运副或榷运局，兼理收税。并拟另设盐务监理局，以代稽核之职务，事未果行。是年十月，以盐务亟应整理。仍仿民初官制，裁撤盐务处，改设盐务署，并主恢复稽核所，于是另订稽核章程，在上海设立总所，在各省设立分支所。十七年一月，又将上海设立之总所取消，并停止新委江浙各省新委稽核人员职务，同时令准原有机关，加以改组，恢复其职权，因于盐务署内，设稽核处，管理各分所事宜。其时征收盐税仍归运使运副或榷运局主管，无有起色。十八年一月，于是改订稽核章程，将损失国权之处，完全修正。关于一切外债，凡与盐款有涉者，悉由财政部负责，稽核总所，专掌税收，不受债约之束缚，令北平稽核总所，南迁改组，其盐务署所设之稽核处，亦于是月裁撤。及七月间，财政部令饬各运使运副，各榷运局长，将收税职权，限于八月一日，移交各该区稽核机关接收，于接收后，自八月起，截至十八年年底止，税收激增，成效大著。十九年四月，以下关掣验局，原隶盐务署，改归稽核总所管辖，行政机关，改隶稽核，盖始于此。二十年四月，复将各区缉私局，改归稽核总所管辖，缉私机关，改隶稽核，又始于此。至二十一年八月，财政部为统一事权起见，呈经行政院核准，以盐务稽核总所总办，兼任盐务署署长，以淮北两浙福建山东各区稽核分所经理，兼任各该区盐运使，淮南松江分所经理，兼任各该区运副，厦门支所助理员，兼任厦门运副，鄂湘西皖四岸稽核处稽核员，兼任各该岸榷运局长，河南收税总局总收税官，兼任河南督销局局长，惟长芦河东口北晋北广东四川云南等处，不在其列。自兼任后，所有盐务行政缉私各事宜，概由华员兼理，其稽核机关之洋员，依旧专任稽核事务。至于行政各署局原有人员，则分别考核去留，所属分支机关，一律裁废，所遗职务，除有特别情形外，均由稽核人员兼办，事权既一，效率增加，每年节省经费甚钜，裁革陋规亦甚钜，在盐务官制史上，固属一大革新。二十二年十月，裁撤陕西督销局，改设陕西收税总局。是年十一月，又令长芦稽核分所经理，兼任该区盐运使，并将口北收税总局，改为口北支所，隶于长芦。二十四年一月，又将口北蒙盐局，改归口北支所兼办，并于西北，设立收税总局，管理甘宁三省盐务。是年四月，又令重庆稽核处稽核员，兼任四川盐运使，川北稽核分所经理，兼任川北运副，旋又将川南分所，改称四川稽核分所，裁重庆稽核处，改设支所。二十五年五月，将淮南运副裁撤，归并两淮盐运司，并将扬州分所，改为支所，其淮北分所，改称两淮分所。七月，又将川北运副裁撤，归并四川盐运司，并将川北分所，改为支所，受四川分所之直辖，此皆最近之变更也。先是民国二十年五月，国民政府公布新盐法，第三十三条，关于盐务机关之规定，中央设盐政署及稽核总所，直隶于财政部，各产盐场区，设盐场公署，及稽核分所，隶属于盐政署及稽核总所。盐政署及所属机关，掌理盐务行政，场警编制，仓坨管理，及盐之检验收放事宜。稽核总所及所属机关，掌理盐税征收，稽查盐斤收放，及编造报告事宜。事项规定，只于场区，设立盐场公署，及稽核分所，销盐区域，并不设官，将从前运使运副，暨榷运局，悉行废除，较诸民初官制，业已改正。但将政务与税务，分为两大组，仍与民初官制无异。稽核所之职掌，是专办收税，盐政署之职掌，名为行政，实是办理与收税有联带之事务。盐之为物，产出于场，销归于岸，有产始有运,有运始有销,运销者榷税之根源,而整理场产,又为盐务之根源,尤在杜防场私之走漏,故场务运务销务缉务,皆与税务互有联带,断断不可划分,应由收税机关办理,方能指挥灵便,收获效力。在新盐法通过之时,稽核所尚未兼办行政缉私,故仍循用民初旧制,自兼办后,产运销缉,种种事务,得以同时并举,积极整理,成效已有可观。按照目前事实,盐务官制,渐已统一,故新盐法盐务机关一章,自应加以修正。因于财政部组织法中,特订盐务机关组织法,将盐务署暨稽核总所,并所属各机关,一律取消,于财政部内,设盐政司,置司长一人,自司长以下,分科治事,专办审核事宜,另设盐务总局,直隶于财政部,置总办一人,会办一人,自总会办以下,分设五科,一总务、二税务、三产销、四税警、五经理、专办执行盐务事宜,各产盐区,设盐务管理局,置局长一人,副局长一人,自总副局长以下,分设总务产销税警三课,各管理局所辖盐场,得按产盐之数量,分别等级,设盐场公署,各置场长一人,掌理场产及收税放盐事宜。此项组织法,以盐务总局为执行机关,办理整个之盐务,以盐政司为审核机关,审核执行机关所办盐务,既无骈枝之嫌,且有监察之益,经行政院会议及立法院之议决,于二十五年七月十四日,公布在案。兹将组织法条,录列于后:

财政部盐务总局组织法

第一条　本法依财政部组织法第二十六条之规定制定之。

第二条　盐务总局直隶于财政部,承部长之命,办理全国盐税征收及其他一切盐务,并兼管硝磺事务。

第三条　盐务总局置左列各科。

一　总务科。

二　税务科。

三　产销科。

四　税警科。

五　经理科。

第四条　总务科掌左列事项。

一　关于文件收发、分配、撰拟、缮校及保管事项。

二　关于典守印信事项。

三　关于本局及所属机关职员之任免、迁调及训练事项。

四　关于盐务章则之拟订事项。

五　关于盐务公报之编辑事项。

六　关于本局现金、票据、证券之出纳及保管事项。

七　关于本科职掌事务之各种表册及报告之编制事项。

八　关于庶务及不属于其他各科事项。

第五条　税务科掌左列事项。

一　关于税务之设计、改进及处理事项。

二　关于税务章则及税率之拟订、修改事项。

三　关于盐税收入预算之拟编事项。

四　关于征税之考核及税款之审核及报解事项。

五　关于减税、免税案件之处理事项。

六　关于税务所用一切票照、单证之拟订、考核及缴销事项。

七 关于硝磺之征税或专卖事项。

八 关于本科职掌事务之各种表册及报告之编制事项。

九 关于税务之其他事项。

第六条 产销科掌左列事项。

一 关于食盐产销之设计、改进及处理事项。

二 关于盐及硝磺产销章则之拟订事项。

三 关于制盐许可及产盐销盐之估计及调节事项。

四 关于盐质之检定及农业、工业、渔业用盐变性或变色之指导事项。

五 关于仓坨之设置、管理、产盐之收放及盐价之平定事项

六 关于盐副产物之管理及取缔事项。

七 关于盐垦整理及划归地方升科事项。

八 关于硝磺之统制、产制及改良事项。

九 关于盐及硝磺产销所用一切票照、单证之拟订、考核及缴销事项。

十 关于本科职掌事务之各种表册及报告之编制事项。

十一 关于盐民生计之改良及失业盐民之救济事项。

十二 关于产销之其他事项。

第七条 税警科掌左列事项。

一 关于各产盐场区警务之设计、改进及处理事项。

二 关于各产盐场区水陆税警之编制、训练、指挥、调遣事项。

三　关于制盐放盐及盐副产物之稽查事项。

四　关于盐场、仓坨及盐务官署之保卫事项。

五　关于盐斤及硝磺私制、私运之查禁事项。

六　关于本科职掌事务之各种报告及表册之编制事项。

七　关于税警之其他事项。

第八条　经理科掌左列事项。

一　关于营造、修缮各种工程之设计及监督事项。

二　关于各种物品之购办及供应事项。

三　关于财产、公物之登记及保管事项。

四　关于税警服装、械弹之采办、保管及发给事项。

五　关于盐务所用一切票照、单证之印制、保管及发给事项。

六　关于本科职掌事务之各种表册及报告之编制事项。

七　关于经理之其他事项。

第九条　盐务总局设总办一人，简派。承财政部部长之命，综理全局事务，并指挥监督所属机关及职员。

盐务总局设会办一人，聘任。辅助总办，处理收税、放盐事务。

第十条　盐务总局设科长五人，由总局遴选合格人员，呈请财政部部长核准任用，承长官之命，分掌各科事务。

第十一条　盐务总局设秘书二人，承长官之命，办理机要文件，及其他交办事务。

第十二条　盐务总局设科员一百人至一百五十人，助理员三十五人至五十人，承长官之命，办理各科事务。

盐务总局设技正二人或三人，技士四人至六人，承长官之命，办理盐务及硝磺之技术事务。

第十三条　盐务总局设视察员二人，调查员二人至四人，承长官之命，分赴各盐区考察盐务成绩及查办临时发生之案件。

第十四条　盐务总局得酌用雇员，办理缮校及其他事务。

第十五条　盐务总局经财政部部长之核准，于各产盐区域设置盐务管理局，办理各该区域之盐税征收及其他事务。

第十六条　各盐务管理局设局长一人，副局长一人，总务课长一人，产销课长一人，税警课长一人。

前项人员由盐务总局总办遴选合格人员，呈请财政部部长核准任用之。

第十七条　盐务管理局局长承盐务总局之命，办理各该局事务，指挥监督所属机关及职员。

盐务管理局副局长，辅助局长，处理收税、放盐事务。

第十八条　盐务管理局按事务之繁简，设课员、视察员及技术员，其名额及人选，由盐务总局分别拟定，呈请财政部部长核准任用之。并得酌用雇员。

第十九条　盐务管理局所辖盐场，得由盐务总局划分区域，设置盐场公署管理之。

盐场公署依左列标准分为四等。

一　年产二十万公吨以上者为一等。

二　年产十万公吨以上者为二等。

三　年产五万公吨以上者为三等。

四　年产不满五万公吨者为四等。

第二十条　盐场公署各设场长一人,办理各该场盐税之征收,盐质之产制、检定及秤放等事务,并指挥税警。

场长由盐务总局任免、迁调、并受盐务管理局之指挥,监督。

第二十一条　盐场公署设场务员、雇员,其名额及人选,由盐务总局核定任用之。但月薪在五十元以下之人员,得由盐务管理局遴选任用,并呈报盐务总局核准备案。

第二十二条　盐場公署因事务之需要,经盐务总局核定,得酌设收税或秤放等办事处、税警派出所。由各该场长直接指挥,并受盐务管理局之监督。

第二十三条　盐务总局对外公文,以财政部名义行之。但关于左列事项,得发局令。

一　遵照部令应行转饬事项。

二　依照部令所定办法督率进行事项。

三　曾经呈部核准事项。

第二十四条　盐务总局设会计主任一人,统计主任一人,科员五十人至六十五人,分别办理岁计、会计、统计事务,受盐务总局总办及财政部会计长之监督指挥。

盐务总局所属各机关之岁计、会计、统计事务,由主计处设主计人员依法办理之。

第二十五条　盐务总局在就场征税未完成时，经财政部部长核准，于不产盐之重要省区，暂设临时盐务办事处，由盐务总局直接管辖，办理清理存盐及征收完纳未足额之盐税等事务。其员额不得超过盐务管理局员额之半数。

第二十六条　盐务总局，各盐务管理局及盐场公署办事规则，由盐务总局拟订，呈请财政部核定之。

第二十七条　本法自公布日施行。

盐政司职掌之事项

一　关于盐务之计画及改进事项。

二　关于制盐许可及产盐调节之核定事项。

三　关于仓坨设置管理，及其他盐务工程之核定事项。

四　关于盐质检查改良之考核事项。

五　关于产盐收放，及场价之考核事项。

六　关于盐税税率，与盐务章则之审核及解释事项。

七　关于盐及硝磺所用票照之审核事项。

八　关于盐及副产物减税免税案件之审核事项。

九　关于盐税收支之考核事项。

十　关于税警编制之审核事项。

十一　关于盐垦整理，及产地测算之规划事项。

十二　关于硝磺产销改良之研究，及税费之审订事项。

十三　关于盐务人员任免迁调训练考绩之监督事项。

十四　关于盐政之其他事项。

依上述组织法观之，盐务官制，已有统一之规模。盐政司之职掌，虽居于审核及监察地位。若就官制原则而论，只应审核产销情状，盐款收支，及盐务人员之考成，如果事事均在审核范围，则于盐务行政，仍多牵制，立法不厌求详，似应再加修正者也。抑又言之，稽核机关，创设于民国初元，自民国三年，及民国十八年，经两次之改组，制度优良，日益完备，任用人员，除专家外，均由公开考试而来，非经考试及格者，不得派充戊已两等之员司，凡人员经过试用期间补实者，无故不得免职，所以服务人员，皆以地位稳固，薪给优厚，实心办事，不敢为非，几成为特殊之习惯。故二十余年来，具有特殊之成绩。可见成绩之著，断非无因而致，实由员司有保障，得以久于任事。而经验日宏，俸给较优，得以养成廉洁，而操守可恃。现今新组织法，即当施行，稽核名称，既经改正，其原有制度之优点，应当保存。斯又官制之必要矣。

第四章 盐 禁

古者盐榷未兴,山海之利,任民自取,固无所谓法禁也。春秋时,管仲相齐,以孟春既至,农事且起,令北海之众,毋得聚庸煮盐。论者谓后世禁私,即始于此。然考当时立法之旨,一在于注重农事,一在于限制盐产,非专以防私也。自汉时有官与牢盆之说,私盐之禁始著。惟盐为利薮,亦为弊窟,国家方严禁以防私,奸民乃干法而图利,法之兴也愈繁,弊之出也愈滋。是以汉唐以降,法网日密,刑用滋章。沿及明清,复将盐事禁例,纂入律条,著为定制。逮乎民国,因时制法,经画益备。盖盐为官业,若违禁私营,其干犯法纪,固非寻常商货漏私逃税者可比。故私盐厉禁,著诸令申,有由来矣。兹将历代盐事则例之属于禁私者,依次分述如左。

第一节 汉 晋 唐

汉武帝元狩五年,募民煮盐,官与牢盆,敢私煮盐者,钛左趾,没入其器物。

晋令凡民不得私煮盐,犯者四岁刑。

唐乾元初,第五琦立盐法,盗煮私市者,论罪有差。贞元中,盗卖盐一石者死。至元和中减死改流,皇甫镈奏论死如初,一斗以上杖背,没其车驴,能捕斗盐者,赏千钱,卖盐者,坊市居邸主人市侩皆论坐,刮盐土一斗,比盐一升,州县团保相察,比于贞元加酷矣。宣宗时司空舆立新法,盐盗持弓矢者死。周墀又言盗贩者迹其居处保社按罪,卖五石,买二石,亭户盗粜二石皆死。

第二节　五　　代

后唐长兴四年盐法条例:

——应食颗盐,州府省司,各置榷粜场院,应是乡村,并通私商兴贩,所有折博,并每年人户蚕盐,不许带一斤一两入城,如违犯者,准条科断。

——应食末盐地界,州府县镇并有榷粜场院,久来内外禁法,即末一概条流,颗末等盐,原不许界分参杂其颗盐先许通商之时,指挥不得将带入末盐地界,如有违犯,一斤一两,并处极法,所有随行物,除盐外,一半纳官,一半与捉事人充赏,其洛京并镇定邢州管内,多北京末盐入界,捉获,并依洛京条流科断,此后但是颗末青白诸色盐,侵界参杂,捉获并准洛京条流施行。

——刮硷煮盐,不计斤两多少,并处极法,兼许四邻及诸色人等陈告,等第支给赏钱,如是收到硷土盐水,即委本处煮炼盐数,准条科断。

——诸犯盐人，一两以上至一斤，买卖人各杖六十，一斤以上至三斤，买卖人各杖七十，三斤以上至五斤，买卖人各杖八十，五斤以上至十斤，买卖人各徒二年，十斤以上，不计多少，买卖人各决脊杖二十处死，所有随行钱物驴畜等，并纳入官，其原有家业庄田，如是全家逃走，即行典纳，仍是搬载脚户，经过店主，并脚下人力等纠告，等第支与优给，如知情不告，与卖盐人同罪，其犯盐人经过处地分门司厢界巡检节级所由，并诸色关连人等，不专觉察，委本州勘断。

——应刮硷煮盐，犯一两以上至一斤，买卖人各杖六十，一斤以上至二斤，买卖人各杖七十，二斤以上至三斤，买卖人各徒一年，三斤以上至五斤，买卖人各徒二年，五斤以上，买卖人各决脊杖二十，处死，或有已曾违犯，不至死刑，经断后，公然不惧条流，再犯者，不计斤两多少，所犯人并处极法，其有榷粜场院员僚，节级人力，煮盐池客灶户，搬盐船纲押纲，军将衙官梢工等，具知盐法，如有公然偷盗官盐，或将货买，其买卖人及窝盘主人，知情不告，并依刮硷例，五斤以上处死，其诸色关连人等，并合支赏钱，即准洛京诸镇条流事例指挥。

——应门司关津口铺，捉获私盐十斤以上至五十斤，支赏钱二十千，五十斤以上至一百斤，支赏钱三十千，一百斤以上，支赏钱五十千。

——诸犯盐人所有随行物色，除盐外，一半纳官，一半与捉事人充赏。

鹽之用途圖

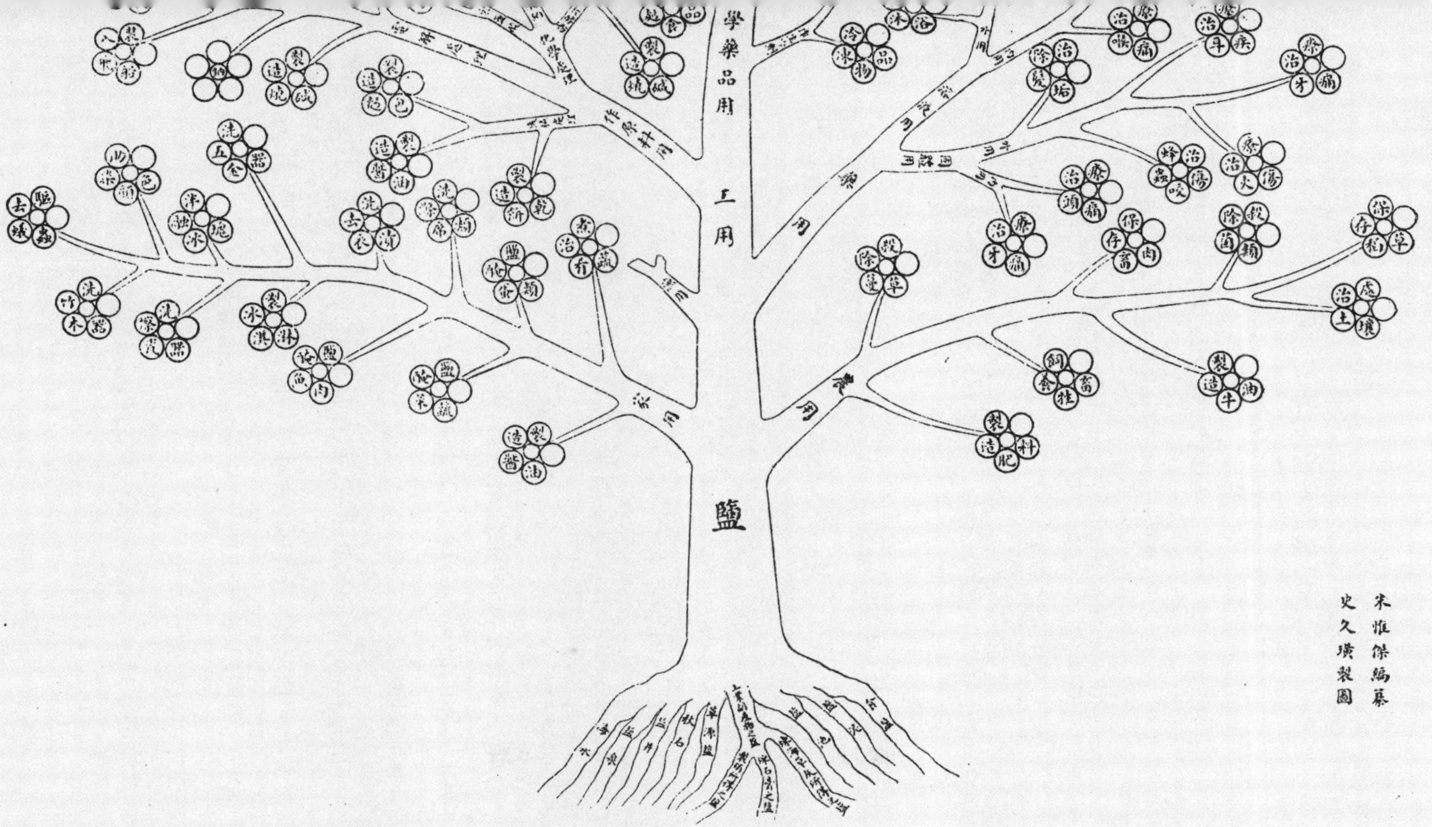

宋惟傑編纂
史久墳製圖

——应诸道，今后若捉获犯私盐人，罪犯分明，正该条法，便仰断遣讫奏，若稍涉误，只须申奏取裁后周广顺二年敕定禁私条流：

——诸色犯盐人等，所犯一斤以下至一两，杖八十，配役，五斤以下，一斤以上，徒三年，配役，五斤以上，并决重杖，处死。

——应所犯盐关津门司厢巡门保，如有透漏，并行勘断。

——刮硷煮炼私盐，所犯一斤以下，徒三年，配役，一斤以上，并决重杖一顿，处死，若捉到硷水，抵煮成盐，秤盘定罪，逐处凡有硷卤之地，所在官吏节级所由，常须巡检，村坊邻保，递相觉察，若有所犯处彰露，并行勘断。

——颗末盐，各有界分，若将本地分盐，侵越疆界，同诸色犯盐例科断。

——乡村人户，所请蚕盐，只得将归供食，不得别将货卖，投托与人，如违，并同诸色犯盐例科断。

——凡买盐，并须于官场务内买，若衷私投兴贩，其买卖人，并同诸色犯盐例。

——诸官场官务，如有羡余出剩盐，并许尽底报官，如衷私货卖者，买卖人并同诸色犯盐科断，若盐店及诸色人，与场院衷私货卖者，并同罪科断。

——诸犯私盐，有同情共犯者，若有骨肉卑幼奴婢同犯，只罪家长，主首不知情，只罪造意者，余减等科断，若是他人共犯，并同罪断，若与他人同犯，据逐人脚下，所犯斤两，依轻重断遣。

显德二年改定盐法条流：

——赡国军场务，邢洺州盐务，应有现朵贮盐货处，并煎盐场灶，及应是硷地，并须四面修置墙堑，如是地里遥远，难为修置墙堑，即作壕篱为规隔，于壕篱内，偷盗夹带官盐，兼于壕篱外，煎造盐货，便仰收捉及许诸色人陈告，所犯不计多少斤两，并决重杖一顿，处死，其经历地分及门司节级人员，并当量罪勘断，所有捉事告事人，赏钱二十千，一斤以上至十斤，赏钱三十千，十斤以上，赏钱五十千。

——应有不系官中煎盐处硷地，并须标识，委本州府，差公干职员，与巡检节级村保地主邻人，同共巡检，若诸色人等偷刮卤地，便仰捉收及许人陈告，若勘捉不虚，捉事人每获一人，赏绢十匹，获二人，赏绢二十匹，获三人以上，不计人数，赏绢五十匹，刮硷煎盐人并知情人，所犯不计多少斤两，并决重杖一顿，处死，其刮硷处地分，并刮硷人住处，巡检节级所由村保等，各徒二年半，令众一月，依旧勾当，刮硷处地主，不切检校，徒二年，令众一月。

——颗盐地分界内，有人刮硷，煎造盐货，所犯并依前法。

——今缘改价卖盐，虑有别界分盐货，递相侵犯，及诸盐入城，诸色犯盐人，随行物色，给与本家，其盐没纳入官，所历地分节级人员，并行勘断，一两至一斤，决臀杖五十，令众半月，捉事告事人，赏钱五千，一斤以上至十斤，徒一年半，令众一月，捉事人赏钱七千，十斤以上，不计多少，徒二年，配发运务，役一年，捉事告事人赏钱十千。

——河东界，如有人将盐过来，及自家界内，有人往彼兴贩盐货，所犯者并处斩刑，其犯盐人随行驴畜资财，并与捉事人充赏，庆州青白榷税院，原有透税条流，所有随行驴畜物色，一半支与捉事人充赏，其余一半及盐，纳入官，其犯盐人，仍旧一斗以上至三斗，杖七十，三斗以上至五斗，徒一年，五斗以上，处死。

——安邑解县两池，荆棘峻阻，不通人行，四面各置场门弓射，分擘盐池，分居住，并在棘围里面，更不别有差遣，只令巡护盐池，此后如有人偷盗官盐一斤一两出池，其犯盐人，应准原有敕条，并处极法，随行钱物，并纳入官，其捉事人，十斤以上至二十斤，支赏钱十千，二十斤以上至五十斤，支赏钱二十千，五十斤以上至一百斤，支赏钱三十千，一百斤以上，支赏钱五十千，若是巡检弓射，池场门子，自不专切巡察，致有透漏，到棘围外被别人捉获及有纠告，兼同行反告官中，更不坐罪，陈告人，亦依捉事人支赏，应有知情偷盗官盐之人，亦依犯盐人一例处断，其不知情关连人，临时酌情定罪，所有透漏地分弓射，及池场门子，如是透漏出盐二十斤以下，徒一年半。

——前项所定夺盐法条流，其应属州府捉获抵犯之人，便委本州府，检条流科断讫，申奏，别报省司，其属省院捉到犯盐之人，干死刑者，即勘情罪，申上，候省司指挥，不至极刑者，便委务司，准条流决放讫，申报。

第三节　宋　　金

宋建隆二年，始定官盐阑入法，禁地贸易至十斤，煮硷盐至三斤者，皆坐死。建隆三年，增阑入至三十斤，煮盐至十五斤，坐死。自乾德四年后，每诏优宽。太平兴国二年，乃诏阑入至二百斤以上，煮硷及主吏盗贩至百斤以上，并黥面送阙下。至淳化五年，改前所犯者，止配本州牢城，代州宝兴军之民，私市契丹骨堆渡及桃山盐，雍熙四年，诏犯者自一斤论罪有差，五十斤加徒流，百斤以上，部送阙下。

宋政和五年，议伪造盐引者，并依川钱引定罪。

宋淳熙元年禁私敕令：

——诸犯盐一两，笞四十，二斤加一等，二十斤徒一年，二百斤配本戍，煎炼者，一两比二两，以通商界盐入禁地者，减一等，三百斤，流三千里，其人户卖蚕盐，兵役卖食盐，以官盐入别县界，一斤笞二十，二斤加一等，二百斤加一等，罪止徒三年。

——诸犯盐榷禁者，将有刃器仗随行，以私有禁兵器者论罪。

——诸贩卖私盐，捕获到官之人，若罪合科徒流者，当官相验身貌强壮，及得等杖，堪充征役，免罪，刺填军额，身貌怯小，疾病不堪役使，即依本法施行。

——诸监司若当职官，及巡捕官司所管诸军公人，各及其家人，贩榷货者，加凡人一等，茶盐又加一等，或将捉到茶盐减克，不送官，私自卖买，罪轻者各徒二年，知情不纠举者，部辖人与同罪，所管官减二等，若失察者，各杖一百。

——诸官司捕获私盐，辄将透漏地分，妄入姓名，同状申解者，杖一百。

——诸色人如获私有茶盐，及将通商界盐入禁地，官盐入别县界者，准价以官钱支给，不满一百斤，全给，一百斤以上，给一百斤，二百斤以上，给五分，获贩私有茶盐，及告获将通商界盐入禁地，官盐入别县界贩者，除以犯人随行物全给外，别支赏钱，不满十斤，给钱一十五贯，每一十斤，加一十五贯，至一百五十贯止。

——诸客贩盐，往通商州县，经过税务，不将引状批凿者，杖六十，许人告。

——诸客贩盐，经过税务，将引状不为批凿者，杖六十，若批凿而故留滞经日，罪亦如之，每一日加一等，罪止杖一百。

金大定三年，定军民私煮盐，及盗官盐之法，命猛安谋克巡捕。大定二十八年，创巡捕使，收盐使司弓手，充巡捕人，且禁不得于人家搜索，若食盐一斗以下，不得究治，惟盗贩私煮，则捕之，在三百里内者，属转运司，外者即随路府提点所治罪，盗课盐者亦如之。大定二十九年，罢巡捕使。明昌二年，诏自今如有盗贩者，听盐司官辄捕，民私煮及藏匿，则约所属搜索，巡尉弓兵，非与盐司相约，不得擅入人家。明昌三年，更定军民犯私盐者，皆令盐司按罪，三百里外者，则付提点所，若逮问犯人，而所属怯不遣者，徒二年。泰和四年，诏定收硷者，杖八十，十斤加一等，罪止徒一年，赏同私矾例。泰和七年，又定采黄穗草，烧灰淋卤者，亦杖八十。

第四节　元

中统二年诏定私盐法：

——诸犯盐者，徒二年，决杖七十，财产没官，决讫，发下盐司，带镣居役，满日疏放，若有告捕得获，于没官物内，一半充赏，如获犯界盐货，减犯私盐罪一等，仍委自州府长官提调，禁治私盐罪，如禁治不严，致有私盐，并犯界盐货生发，初犯笞四十，再犯八十，三犯已上，开具呈省奏闻定罪，若获犯人，依上给赏，如有盐司监临官与灶户私卖盐者，同私盐法科断。

——今后诸盐场遇有买纳及支客盐，无致留难，不受不给，或勘合号簿，批引钞，违限者并徒二年，若不依次第，先给后受，及秤盘不平者，徒二年，如客商买到官盐，并官司纲运舡车，经由河道，其关津渡口桥梁，妄称事故邀阻者，陈告得实，杖一百，因而乞取财物者，徒二年，官司故纵者，与同罪，失觉察者的决，笞五十，如有遮当客旅，拘买取利者，徒二年，盐付本主，买价没官，仍禁治随处官民，无得将旧来运盐河道，开决河水，浇溉稻田，以致水浅，涩滞盐舡，有误恢办课程，依上治罪。

——运盐纲船诸人，不得拘撮应付。

——随处河道，若有旧立桩橛，仰该沿河官司，委官将带深知河道水手夫役人等，检踏尽行拔出，若不拔出桩橛，因而损坏船只，据盐本一切损失之物，当处官司赔偿，将管民正官，客旅买卖，回回通事，诸色人等，不得将盐司官约量的决。

——经过巡盐弓手，骑坐马匹，贩盐车船头匹，夺取走递，因而停滞客旅，亏兑盐课，如有违犯之人，听所在官司陈告，开具姓名，申省奏治。

——煎盐烧盐草，每年常有野火延烧，靠损草地，及有斫伐柴薪之人，以致阙用，仰邻接管民正官，专一关防禁治，但犯决杖八十。

——诸局院人匠鹰房打捕并军人奥鲁诸色人等，犯私卖盐货，匿税，遏所在捕捉，却行聚众劫夺，今后达鲁花赤管民官管军官并各管头目，与犯人同罪，打夺因而致死伤者，各从重施行。

——达达民户，支取食盐，因而夹带私盐货卖，仰把隘人员，严切巡察，若有夹带私盐货卖，把隘官与犯人同罪。

至元二十年新格盐法：

——诸茶盐课程，已有成法，其行省户部，检会原降例条，凡近年官吏，违犯禁条，营谋私利，侵损官课，阻碍商人者，逐一出榜，严行禁治，仍须差廉干人员，不时暗行体察，务要茶盐通行，公私便利。

——诸场盐袋，皆判官监装，仍于袋上书写监装检较职位姓名，以千字文为号，如法编垛，凡遇商客支请，验其先后，从上给付，行省户部差官，不测体验，但有搭带余盐，或克除斤重，及支给失次，刁蹬盐商者，随即追问，是实，各依所犯轻重理罪，仍听按察官纠弹。

——诸灶户中盐到场，皆须随时两平收纳，不得留难，合给工本，运官一员，监临给付，若盐司官吏，因而有所克减，或以他物移易准折者，计其多少论罪，仍勒赔偿，每给工本时，肃政廉访司差人暗行体察。

——诸盐司凡承告报私盐者，皆须指定煎藏处所，详审明白，计会所在官司，同共搜捉，非承告报，其巡盐人员，止许依例用心巡捕，不得妄入人家搜捉。

——诸捉获私盐，取问是实，依条追没，其所犯情由，并追到钱物，皆须明立案验，另附文历，每月开申合属上司。

至元二十九年条画盐法：

——随路应管公事官吏，并军民人匠打捕诸色头目人等，常切禁约，毋得纵令不干碍人，虚桩饰词，妄行煽惑，搅扰沮坏现办课程，如有违犯之人，并行断罪。

——蒙古汉军探马赤打捕鹰房站赤诸色人等，一体买食官盐，不得私煎贩卖，如有违犯，或提点官禁治不严，并依敕旨断罪。

——近年各处转运盐使司，所用皆非其人，省降盐引，多为势力之家赊买，赍引下场，搀越资次，多夹斤两，遮当客旅，把握行市，以致盐法不行，公私两不便当，今后现钱卖引，照依资次，支发盐袋，监临主守官吏，并不得赊卖，违者其价与盐俱没官，诡名资买者，仍征倍赃，官解现任，司吏勒停。

——各位下并权豪势要之家，纳课买引，赴场查盐，不得搀越资次，恃赖气力，逼勒场官，多要斤重，如有违犯之人，取问是实，依条断罪。

——运司煎盐地面，如有依官山场草荡，煎盐草地，诸人不得侵占斫伐及牧放头匹及引火烧燃，仰所在官司，常切用心，关防禁治，如有违犯之人，断罪赔偿。

——诸人贩卖盐货，除官定袋法，每引四百斤之外，夹带多余斤重者，同私盐法科断。

——巡禁私盐者，附场百里之内，从运司选委相应人员巡捉，其余府州司县，行盐去处，摘委盐司正官员，与管民正官，一同巡捉。

——行盐地面，路府州县，私立牙行大秤，有坏盐法，仰所在官司，截日罢去，违者捉拿到官，痛行治罪。

——灶户煎到盐数，在先当该官吏，多取余盐，克减工本，或以他物准折，致使生受，今后从实给散，但有依前克减准折，亏损灶户，严行治罪，仍勒赔偿。

——诸人兴贩盐货，务要两平发卖，不得中间插和灰土，违者严行断罪。

——诸犯私盐者，照依已降敕旨，科徒二年，决杖七十，财产一半没官，决讫发下盐司，带镣居役，满日疏放，若有人告捕得获，于没官物内，一半充赏，犯界盐货，减私盐罪一等，两邻知而不首，减犯人罪一等，场官失觉察者，初犯笞四十，再犯杖八十，三犯杖一百除名，场官情知卖货者，与犯人同罪，管民提点正官，不为用心禁治捉拿，纵令百姓买食私盐，与场官同罪，如经过关隘港渡去处，管军官不为用心盘捉，与管民提点官，一体断罪，如有通同纵放，货卖私盐者，与犯私盐人同罪。

——附场百里之内，村庄镇店，城郭人户，食用盐货，官为置局发卖，验各家食盐月日，从运司出给印信，凭验关防，无致私盐生发，如是过期，却有附余盐货，别无由关，同私盐法科断。

——诸人卖过盐引，钦奉圣旨，限五日，赴所在官司缴纳，随路管民官，每月用心拘刷，每季缴申行省照勘，如不为用心拘刷，纵令客旅，违限不纳，夹带私盐，影射使用，行省究治。

元盐法通例：

——诸犯私盐者，杖七十，徒二年，财产一半没官，于没官物内，一半付告人充赏，盐货犯界者，减私盐罪一等，提点官禁治不严，初犯笞四十，再犯杖八十，本司与总管府官，一同归断，三犯闻奏定罪，如监临官及灶户私卖盐者，同私盐法。

——诸伪造盐引者斩，家产付告人充赏，失觉察者，邻右不首告，杖一百，商贾贩盐，到处不呈引发卖，及盐引数外夹带，盐引不相随，并同私盐法，盐已卖，五日内，不赴司县批纳引目，杖六十，徒一年，因而转用者，同卖私盐法，犯私盐及犯界，断后发盐场充盐夫，带镣居役，役满放还。

——诸给散煎盐灶户工本官吏，通同克减者，计赃论罪。

——诸大都南北两城关厢，设立盐局，官为发卖，其余州县乡村，并听盐商贩盐，诸卖盐局官，煎盐灶户，贩盐客旅，行铺之家，辄插和灰土硝硷者，笞五十七。

——诸蒙古人私煎盐者，依常法。

——诸犯私会赦，家产未入官者，革拨。

——诸私盐再犯，加等断徒如初犯，三犯杖，断同再犯，流远，妇人免徒，其博易诸物，不论巨细，科全罪。

——诸转买私盐食用者，笞五十七，不用断没之令。

——诸捕获私盐，止理发现之家，勿听攀指平民，有榷货，无犯人，以榷货解官，无榷货，有犯人，勿问。

——诸巡捕私盐，非承告报明白，不得辄入人家搜检。

——诸犯私盐，被获拒捕者，断罪流远，因而伤人者处死。

——诸巡盐军官，辄受财脱放盐徒者，以枉法计赃论罪，夺所佩符及所受命，罢职不叙。

第五节　明

洪武初盐引条例：

——客商贩卖盐货，每二百斤为一引，运司给放半印引目，每引纳官本米若干，收入仓，随即给引支盐。

——各场灶丁人等，除正额盐外，将煎到余盐夹带及私煎货卖者绞，百夫长知情故纵，或通同货卖者同罪，两邻知私煎盐货，不首告者，杖一百，充军。

——凡守御官吏，巡检司，巡获私盐，俱发有司归问，犯人绞，有军器者斩，盐货车船头匹没官，引领牙人及窝藏寄放者，杖一百，发烟瘴地面充军，挑担驮载者，杖一百，充军，有能自首者，免罪，常人捉获者，赏银一十两，仍须追究是何场分灶户所卖盐货，依律处断，运司拿获私盐，随发有司追断，不许擅问，有司通同作弊脱放，与犯人同罪。

——凡起运官盐，每引四百斤，带耗盐一十斤，为二袋，客盐每引二百斤为一袋，经过批验所，依数掣挚秤盘，但有夹带私盐，随发有司追断，客商货卖官盐，俱系经过官司，辨验盐引，如无批验掣挚印记者，笞五十，押回盘验。

——凡诸色军民权豪势要人等，乘坐无引私盐船只，不服盘验者，杖一百，军民俱发烟瘴地面充军，有官者依律断罪罢职。

——凡将官运盐货偷取，或将沙土插和抵换者，计赃比常盗加一等，如系客商盐货，以常盗论，客商将买到官盐，插和沙土货卖者，杖八十。

——凡客商兴贩盐货，不许盐引相离，违者同私盐追断，如卖盐毕，五日之内，不行缴纳退引者，杖六十，将旧引影射盐货，同私盐论罪，伪造盐引者处斩。

——起运官盐,并场户往来,搬运上仓,将带军器者,并行处斩。

——诸人买私盐食用者,减犯私盐人罪一等,因而贩卖者,处绞。

——凡各处盐运司,运载官盐,许用官船转运,如灶户盐丁,却用别船装载,即同私盐科断。

盐法律条:

——凡犯私盐者,杖一百,徒三年,若有军器者加一等,诬指平人者加三等,拒捕者斩,盐货车船头匹并入官,引领牙人及窝藏寄顿者杖九十,徒二年半,挑担驮载者杖八十,徒二年,非应捕人告获者,就将所获私盐给付告人充赏,有能自首者免罪,一体给赏。若事发,止理见获人盐,当该官司不许辗转攀指,违者以故入人罪论。

——凡盐场灶丁人等,除正额盐外,夹带余盐出场及私煎货卖者,同私盐法。

——凡买食私盐者,杖一百,因而货卖者,杖一百,徒三年,百夫长知情故纵及通同货卖者,与犯人同罪。

——凡妇人有犯私盐,若夫在家,或子知情,罪坐夫男,其虽有夫而远出,或有子幼弱,罪坐本妇。

——凡守御官司及盐运司巡检司,巡获私盐,即发有司归勘,各衙门不许擅问,若有司官吏通同脱放者,与犯人同罪,受财者,计赃以枉法从重论。

——凡守御官司及有司巡检司,设法差人,于该管地面并附场紧关去处，常川巡禁私盐，若有透漏者，关津把截官及所委巡盐人员，初犯笞四十，再犯笞五十，三犯杖六十，并附过还职，若知情故纵及容令军兵，随同贩卖者，与犯人同罪，受财者，计赃以枉法从重论。

——其巡获私盐入己，不解官者，杖一百，徒三年，若装诬平人者，加三等。

——凡军人有犯私盐，本管千百户有失钤束者，百户初犯笞五十，再犯杖六十，三犯杖七十，减半给俸，千户初犯笞四十，再犯笞五十，三犯杖六十，减半给俸，并附过还职，若知情容纵及通同贩卖者，与犯人同罪。

——凡起运官盐，每引二百斤为一袋，带耗五斤，经过批验所，依数掣挚秤盘，但有夹带余盐者，同私盐法，若客盐越过批验所，不经掣挚关防者，杖九十，押回盘验。

——凡客商贩卖官盐，不许盐引相离，违者同私盐法，其卖盐了毕，十日之内，不缴退引者，笞四十，若将旧引影射盐货者，同私盐法。

——凡起运官盐并灶户运盐上仓，将带军器及不用官船起运者，同私盐法。

——凡客商将官盐插和沙土货卖者，杖八十。

——凡将有引官盐，不于拘该行盐地面发卖，转于别境犯界货卖者，杖一百，知而买食者，杖六十，不知者不坐，其盐入官。

——凡监临官吏诡名及权势之人，中纳钱粮，请买盐引勘合，侵夺民利者，杖一百，徒三年，盐货入官。

——凡客商中买盐引勘合，不亲赴场支盐，中途增价转卖，阻坏盐法者，买主卖主，各杖八十，牙保减一等，盐货价钱并入官，其铺户转买拆卖者，不用此律。

——凡民间周岁，额办茶盐商税诸色课程，年终不纳齐足者，计不足之数，以十分为率，一分笞四十，每一分加一等，罪止杖八十，追课纳官。若茶盐运司，盐场茶局及税务等官，不行用心办课，年终比附上年课额亏兑者，亦以十分论，一分笞五十，每一分加一等，罪止杖一百，所亏课程，著落追补还官，若有隐瞒侵欺借用者，并计赃，以监守自盗论。

盐法条例：

——各边召商，上纳粮草，若内外势要官豪人家，开立诡名占窝，转卖取利者，俱发边卫充军，干碍势豪，参革治罪。

——凡豪强盐徒，聚众至十人以上，撑驾大船，张挂旗号，擅用兵仗响器，拒敌官兵，若杀人及伤三人以上者，比照强盗已行得财律，皆斩，为首者仍枭首示众，其虽拒敌，不曾杀伤人，为首者依律处斩，为从者俱发边卫充军，若止十人以下，原无兵仗，遇有追捕拒敌，因而伤至二人以上者，为首依律处斩，下手之人，比照聚众中途打夺罪人，因而伤人律，绞，其不曾下手者，仍为从论，若贫难军民，将私盐肩挑背负，易米度日者，不必禁捕。

——越境兴贩官私引盐，至三千斤以上者，问发附近卫所充军，原系腹里卫所者，发边卫充军，其客商收买余盐，买求掣掣至三千斤以上者，亦照前例发遣，经过官司纵放，及地方甲邻里老知而不举，各治以罪，巡捕官员，乘机兴贩至三千斤以上，亦照前例问发。

——凡两淮等处运司，中盐商人，必须纳过银两纸价，方给引目守支，若先年不曾上纳，故捏守支年久等项，虚词奏扰者，依律问罪，仍照各处盐场无籍之徒，把持诈害事例发遣。

——凡伪造盐引印信，贿属运司吏书人等，将已故并远年商人名籍，中盐来历，填写在引，转卖诓骗财物，为首者依律处斩外，其为从并经纪牙行店户运司吏书一应知情人等，但计赃满贯者，不拘曾否支盐出场，俱发边卫充军。

——各盐运司总催名下，该管盐课，纳完者方许照名填给通关，若总催买嘱官吏并覆盘委官，指仓指囤，扶同作弊者，俱问发边卫充军。

——各处盐场无籍之徒，号称长布衫赶船虎光棍好汉等项名色，把持官府，诈害客商，犯该徒罪以上及再犯杖罪以下者，俱发边卫充军。

第六节　清

盐法律条：

——凡犯无引私盐凡有确货即是不必赃之多少者，杖一百，徒三年，若有军器者，加一等，流二千里盐徒诬指平人者，加三等，流三千里拒捕者斩，监候盐货车船头匹并入官，道涂引领秤手牙人及窝藏盐犯寄顿盐货者，杖九十，徒二年半，受雇挑担驮载者，与例所谓肩挑背负者不同杖八十，徒二年，非应捕人告获者，就将所获私盐给付告人充赏，同贩中有一人能自首者免罪，一体给赏，若一人自犯而自首止免罪不赏仍追原赃若私盐事发，止理见获人盐，如获盐不获人者不追获人不获盐者不坐当该官司，不许听其展转攀指，违者官吏以故入人罪论谓如人盐同获止理见发有确货无犯人者其盐没官不须追究。

按："拒捕者斩"，宣统二年改作"绞"。又："杖一百""杖九十""杖八十"均删。

——凡盐场灶丁人等，除岁办正额盐外，夹带余盐出场及私煎盐货卖者，同私盐法，该管总催知情故纵及通同货卖者，与犯人同罪。

——凡妇人有犯私盐，若夫在家，或子知情，罪坐夫男，其虽有夫而远出，或有子幼弱，罪坐本妇。决杖一百余罪收赎

按：宣统二年，删律注"决杖一百余罪收赎"八字。

——凡买食私盐者，杖一百，因而货卖者，杖一百，徒三年。

按："凡买食私盐者，杖一百"，宣统二年奏改作"处十等罚。"又：徒三年上"杖一百"三字删。

——凡守御官司及盐运巡检司，巡获私盐，即发有司归勘，原获各衙门不许擅问，若有司官吏，通同原获各衙门脱放者，与犯人同罪，受财者，计赃，以枉法从其罪之重论。

按："守御官司及盐运巡检司"，乾隆五年，改作"管理盐务及有巡缉私盐之责，文武各衙门"。

——凡守御官司及有司巡检司，设法差人，于该管地面并附场紧关去处，常川巡禁，私盐若有透漏者，关津把截官及所委巡盐人员，初犯笞四十，再犯笞五十，三犯杖六十，公罪附过还职，若知情故纵及容令军兵，随同贩卖者，与犯人同罪，私罪受财者，计赃，

以枉法从重论，其巡获私盐，入己不解官者，杖一百，徒三年，若装诬平人者，加三等。杖一百流三千里

按："附过还职"，雍正三年改作"并留职役"。又："守御官司及有司巡检司"，乾隆五年改作"管理盐务及有巡缉私盐之责，文武各衙门"。又："初犯笞四十，再犯笞五十，三犯杖六十"，宣统二年改作"初犯处四等罚，再犯三犯递加一等"。又："军兵"改作"兵役"，其律文律注，"杖一百"三字均删。

——凡军人有犯私盐，本管千百户有失钤束者，百户初犯笞五十，再犯笞六十，三犯杖七十，减半给俸，千户初犯笞四十，再犯笞五十，三犯笞六十，减半给俸，并附过还职，若知情容纵及通同贩卖者，与犯人同罪。

按：雍正三年奏准，令武职失察私盐，与文职一例处分，亦无千百户官名及减半给俸之事，此律删。

——凡起运官盐，每引照额定斤数为一袋，并带额定耗盐，经过批验所，依引目数掣挚秤盘，随手取袋挚其轻重但有夹带余盐者，同私盐法，若客盐越过批验所，不经掣挚及引上不使关防者，杖九十，押回逐一盘验。尽盘盐而验之有余盐以夹带论罪

按："杖九十"，宣统二年改作"处九等罚"。

——凡客商贩卖有引官盐，当照引发盐不许盐与引相离，违者同私盐法，其卖盐了毕，十日之内，不缴退引者，笞四十，若将旧引，不缴影射盐货者，同私盐法。

按："杖四十"，宣统二年改作"处四等罚"。

——凡起运官盐，并灶户运盐上仓，将带军器及不用官船起

运者,同私盐法。

——凡客商将验过有引官盐插和沙土货卖者,杖八十。

按:"杖八十",宣统二年,改作"处八等罚"。

——凡将有引官盐,不于拘定应该行盐地面发卖,转于别境犯界货卖者,杖一百,知而买食者,杖六十,不知者不坐,其盐入官。

按:"杖一百"、"杖六十",宣统二年,改作"处十等罚"、"处六等罚"。

——凡监临盐法官吏诡立伪名,及内外权势之人,中纳钱粮,于各仓库请买盐引勘合,支领官盐货卖侵夺民利者,杖一百,徒三年,盐货入官。盐引勘合追缴

按:此条系原例,宣统二年删。

——凡客商赴官中买盐引勘合,不亲赴场支盐,中途增价转卖,以致转卖日多中买日少且诡冒易滋因而阻坏盐法者,买主卖主,各杖八十,牙保减一等,买主转卖之盐货,卖主转卖之价钱,并入官,其各行盐地方铺户转买本主之盐而拆卖者,不用此律。

按:此条系原例,宣统二年删。

——凡盐运司盐场等官,不行用心催办课程。年终比附上年课额亏欠兑缺者,以十分论,一分笞五十,每一分加一等,罪止杖一百,不亏课程,著落追补还官,若人户已纳而官吏人役有隐瞒不附簿因而侵欺借用者,并计赃以监守自盗论。

按:此条系原例,宣统二年将"笞四十"、"笞五十"、"杖八十"、"杖一百"改作"处四等罚"、"处五等罚"、"处八等罚"、"处十等罚"。

盐法条例：

——各边召商，上纳粮草，若内外势要官豪人家，开立诡名，占窝转卖取利者，俱问发边卫充军，干碍势豪，参究治罪。

按：此条系原例，雍正三年奏准，今无召商纳粮草事，例文删。

——凡豪强盐徒，聚众至十人以上，撑驾大船，张挂旗号，擅用兵仗响器，拒敌官兵，若杀人及伤三人以上者，比照强盗已行得财律，皆斩，为首者仍枭首示众，其虽拒敌，不曾杀伤人，为首者依律处斩，为从者俱发边卫充军，若止十人以下，原无兵仗，遇有追捕拒敌，因而伤至二人以上者，为首者依律处斩，下手之人，比照聚众中途打夺罪人，因而伤人律，绞，其不曾下手者，仍以为从论，若贫难军民，将私盐肩挑背负，易米度日者，不必禁捕。

按：此条系原例，乾隆五年，改为"杀伤三人以上者，比照强盗已行得财律，皆斩，为首者仍枭首示众，伤二人者，为首斩决，为从绞监候，伤一人者，为首斩监候，为从俱发边卫充军，其虽拒敌，不曾杀伤者，为首绞监候，为从流三千里"。三十二年，将伤一人为从之犯，改发黑龙江为奴。四十三年，另定一条，"大伙枭徒，拒捕伤差，案内得赃包庇之兵役，俱拟绞监候，私售之灶丁，及窝顿之匪犯，俱发伊犁乌鲁木齐等处为奴"。嘉庆六年，将前二条修并，改为"凡豪强盐徒，聚众至十人以上，撑驾大船，张挂旗号，擅用兵仗响器，拒敌官兵，若杀人及伤三人以上者，比照强盗已行得财律，皆斩，为首者仍枭首示众，伤二人者，为首斩决，为从绞监候，伤一人者，为首斩监候，为从发黑龙江等处，给予披甲人为奴，凡得赃包庇之兵役，俱拟斩监候，私售之灶丁及窝顿之匪犯，俱发伊犁乌鲁木齐等处为奴，其虽拒捕，不曾杀伤，为首绞监候，为从流三千里，若贫难军民，将私盐肩挑背负，易米度日者，不必禁捕”。十七年，调剂黑龙江遣犯，将例内拒捕伤一人为从，改为实发云贵两广极边烟瘴充军。道光六年，调剂新疆遣犯，将例内发伊犁乌鲁木齐等处为奴之犯，改发云贵两广极边烟瘴充军。二十四年，仍改归伊犁等处。宣统元年，奏明以本条指水路而言，兵民聚众十人以上一条，指陆路而言，其实水陆盐徒，并无区别，自应合并为一。又以灶丁私卖窝藏窝顿之犯，律内本有罪名，将本例“发遣为奴”节去，其得赃包庇之兵役，添入下文严究来历条内。又“贫难军民”数语，乾隆年间，已定专例，应节删，故二年颁行现行刑律，将例文删除。

——凡越境如淮盐越过浙盐地方之类兴贩官司引盐至三千斤以上者，问发附近卫所充军，原系腹里卫所者，发边卫充军，其客商收买余盐，买求掣挚至三千斤以上者，亦照前例发遣，经过官司纵放，及地方甲邻里老知而不举，各治以罪，巡捕官员，乘机兴贩至三千斤以上，亦照前例问发。须至三千斤不及三千斤在本行盐地方虽越府省仍依本律

按：此条系原例，雍正三年奏准，军民犯军罪者，一体发遣，“原系腹里卫所”二句删。嘉庆六年，改定例文，“附近卫所”作“附近地方”。又：经过官司云云，改作“掣验官吏受财，及经过官司纵放，并地方甲邻里老知而不举，各治以罪”，

并增注"掣验官吏受财,依枉法,经过官司里老地方火甲,依知罪人不捕,邻右依违制"。宣统二年,修改例文,将"问发附近地方充军"改为"流二千里"。又:"发遣"作"问发","问发"作"问拟"。

——凡两淮等处运司,中盐商人,必须纳过银两纸价,方给引目守支,若先年不曾上纳,故捏守支年久等项,虚词奏扰者,依律问罪,仍照各处盐场无籍之徒,把持诈害事例发遣。

按:此条系原例,雍正三年奏准,商人俱纳课给引,无守支年久之事,例文删。

——凡伪造盐引印信,贿嘱运司吏书人等,将已故并远年商人名籍,中盐来历,填写在引,转卖诓骗财物,为首者依律处斩外,其为从并经纪牙行店户运司吏书一应知情人等,但计赃满数,应流者不拘曾否支盐出场,俱发近边充军。

按:此条系原例,计赃满数下,"应流"二字,雍正三年增,宣统二年,以此例重在填写中盐来历,今无中盐之制,例文删。

——各盐运司总催名下,该管盐课,纳完者方许照名填给通关,若不曾纳课总催买嘱官吏并覆盘委官,假指课已上仓指上囤,扶同作弊者,俱问发近边充军。

按:此条系原例,宣统二年,以今盐商完课办法,与此不同,例文删。

——各处盐场无籍之徒,号称长布衫赶船虎光棍好汉等项名色,把持官府,诈害客商,犯该徒罪以上及再犯杖罪以下者,俱发近边充军。

按：此条系原例，咸丰二年，因“光棍”例应斩决，删此二字，宣统二年，以今无长布衫赶船虎等名色，例文删。

——凡兵民聚众十人以上，带有军器，兴贩私盐者，不问曾否拒捕伤人，照强盗已行得财律，皆斩立决，若十人以下，拒捕杀人，不论有无军器，为首者斩，下手者绞，俱监候，不曾下手者，发边卫充军，其不带军器，不曾拒捕，不分十人上下，仍照私盐律，杖一百，徒三年，若十人以下，虽有军器，不曾拒捕者，亦照私盐带有军器加一等律，杖一百，流二千里，其失察文武各官，该督抚题参，俱交该部，照例议处，有拿获大伙私贩者，亦著该督抚题明，交与各该部，照例议叙。

按：此条系雍正五年定例。乾隆五年，改为“凡兵民聚众十人以上，带有军器，兴贩私盐，拒捕杀人及伤三人以上，为首并杀人之犯斩决，伤人之犯斩监候，未曾下手杀伤人者，发边卫充军，伤二人者，为首斩，下手者绞，俱监候，伤一人者，为首绞监候，下手者发边卫充军，为从满流，其虽带有军器，不曾拒捕者，为首发边卫充军，为从流二千里，若十人以下，拒捕杀人，不论有无军器，为首者斩，下手者绞，俱监候，不曾下手者，发边卫充军，伤至二人以上者，为首者斩监候，下手之人绞监候，止伤一人者，为首绞监候，下手之犯，杖一百，流三千里，其不曾下手者，仍照本律治罪，其不带军器，不曾拒捕，不分十人上下，仍照私盐律，杖一百，徒三年，若十人以下，虽有军器，不曾拒捕，为首亦照私盐带有军器加一等律，杖一百，流二千里，为从杖一百，徒三年，其失察文武各官，交部议处，有拿获大伙私贩者，交部议叙”。二十四年，将例内拒捕伤一人，下手之犯，应发边卫充军者，改“发黑龙江，给与披甲人为奴。”嘉庆六年，改定例文，将“十人以上，拒捕伤人”案内，“未下手之犯，虽带军器，不曾拒捕之首犯”，又“十人以下，拒捕杀人”案内，“不曾下手之犯，应发边卫充军”者，均改为“发近边充军”。又：“十人以上”一节，于“伤一人者”为从下，增“俱”字，又“满流”下，增“若拒捕不曾伤人者，为首发黑龙江等处，给与披甲人为奴，为从满流”等字，又“十人以下”一节，“止伤一人者”下，其“不曾下手者，仍照本律治罪，”改为“俱仍照私盐律，杖一百，徒三年”，又于其下增“若拒捕不曾伤人者，为首杖一百，流三千里，为从照私盐本律拟徒”等字，又“虽有军器，不曾拒捕，为首亦照私盐带有军器加一等律”，改为“带有军器，不曾拒捕者，为首照私盐拟徒本罪加一等律”，余同。十九年议准，例内应发黑龙江之犯，改发云贵两广极边烟瘴充军。宣统二年，修改例文，与“豪强盐徒”条，合并为一，改为凡“聚众十人以上，兴贩私盐，带有军器杀人者，为首并杀人之犯，拟绞立决，未下手之犯，发极边足四千里安置，伤人者，为首依律拟绞监候，下手之犯，发烟瘴地方安置，未下手之犯，流三千里，虽带军器，不曾拒捕者，为首发极边足四千里安置，为从流二千里”。

——凡灶丁贩卖私盐，大使失察者革职，知情者枷号一个月发落，不准折赎，该管上司，俱交该部议处。

按：此条系雍正五年定例，宣统二年删。

——凡回空粮船，如有夹带私盐，闯闸闯关，不服盘查，聚至十人以上，持械拒捕，杀人及伤三人以上者，为首并杀伤人之人，拟斩立决，未曾下手杀伤人者，发边卫永远充军，其虽拒捕，不曾伤人，及十人以下，拒捕伤人致死者，为首拟斩监候，为从者发边卫充军，头船旗丁头舵人等，虽无夹带私盐，但闯闸闯关者，枷号两个月，发边卫充军，随同之旗丁头舵照为从例，枷号一个月，杖一百，徒三年，不知情不坐，卖私之人及灶丁将盐私卖与粮船者，俱各杖一百，流二千里，窝藏寄顿者，杖一百，徒三年，其虽不闯闸闯关，但夹带私盐，亦照贩私加一等，流二千里，兵役受贿纵放者，计赃，以枉法从重论，未受贿者，杖一百，革退，贩私地方之专管官，降三级调用，兼辖官降一级，罚俸一年，押运官照徇庇例议处，随帮革退，其倚恃粮船闯闸闯关者，押运等官，照溺职例革职，随帮责三十板，革退，不服盘查，持械伤人者，押运等官革职，随帮责四十板，革退，傥关闸各官，勒索留难，运官呈明督抚参处。

按：此条系雍正五年定例，乾隆五年，改定例文为“杀人及伤三人以上者，为首并杀人之犯，拟斩立决，伤人之犯，斩监候，未曾下手伤人者，发边卫充军，其虽拒捕，不曾杀伤人，为首绞监候，为从流三千里，十人以下，拒捕杀伤人者，俱照兵民聚众十人以下例，分别治罪”。又“贩私地方之专管官”云云，改为“贩私地方之专管官、兼辖官及押运官，并交部议处”。又倚恃粮船上，增“虽无夹带私盐”六字，嘉庆六年，又修改例文，定为“聚至十人以上，持械拒捕杀伤人，及拒捕不曾杀伤人，并聚众十人以下，拒捕杀伤人，及不曾杀伤人者，俱照兵民聚众十人上下例，分别治罪”，余与前同，光绪三十一年删。

——凡贩卖私盐案内，拟徒之犯，已经发往配所逃走者，缉获到案，除去役过月日，面上刺逃徒二字，原犯徒一年者，枷号一个月，杖八十，徒二年，徒一年半者，枷号三十五日，杖一百，徒三年，徒二年者，枷号四十日，杖一百，流二千里，徒二年半者，枷号四十五日，杖一百，流二千五百里，徒三年者，枷号五十日，杖一百，流二千里，其发往流所又逃走者，面上刺逃流二字，枷号两个月，照依地里远近，改发充军。

按：以下五条，系雍正六年定例，乾隆五年删。

——凡贩卖私盐至三千斤以上者，照越境贩盐律，发边卫充军。

——盐徒聚众，除十人以上，拒捕若杀人及伤三人者，仍照例不分首从，皆斩，为首者枭示外，其余十人以上，曾否拒捕，有无杀伤之案，亦照强盗例，严行审究，将法所难宥，情有可原者，一一于疏内开明，仍照例定拟斩决，具题大学士会同三法司，分别详议，将应正法者正法，应发遣者发遣。

——拿获私盐各官，将所获盐斤，尽入已囊，或与各役分肥，并以多报少者，即将该管官弁，指名题参革职，计赃以枉法律治罪，其未曾侵匿，不行详究者，照例处分，上司各官，知情故纵及不知情而未经揭参者，照例分别议处。

——州县场司，设立十家保甲，互相稽察，凡首报私枭者，官为立案，傥日后有挟雠纠党诬攀报怨之事，加倍治罪。

——凡拿获私贩，务须逐加究讯，买自何地，卖自何人，严缉窝顿之家，将该犯及窝顿之人，一并照兴贩私盐例治罪，若私盐买自场灶，即将该管场司并沿途失察各官，题参议处，其不行首报之灶丁，均照贩私例治罪。

按：此条系雍正六年定例，乾隆三十二年，改为"拿获贩私盐犯，承审官务须先将买自何人何地，以及买盐月日数目究明，提集犯证，并密提灶户，煎盐火伏簿扇，查审确实，将卖盐及窝顿之人，均与本犯按照律例，一体治罪，若查审无据，即属虚诬，将本犯依律加三等治罪，承审官不能审出诬攀者，交部分别议处，若审出买自场灶，即将该管盐場大使并沿途失察各员，题参议处，其不行首报之灶丁，均照贩私例治罪。"宣统二年，修并例文，改为"拿获贩私盐犯，务须先将买自何人何地，以及买盐月日数目究明，提集犯证，并密提灶户，煎盐火伏簿扇，查审确实，如系大伙兴贩，将本犯并卖盐及窝顿之人，照律治罪，本犯不据实供出，于应得本罪上加一等，如审系诬攀，依律加三等，若向老幼孤独，零星收买，实不能供出姓名者，仍以本罪科断，承审官曲为开脱，照故出人罪律，从重参处，不能审出诬攀者，交部议处，若审出买自場灶，即将该管盐场大使并沿途失察各官，奏参议处，其得赃包庇之兵役，从重治罪"。

——拿获私贩，本犯脱逃者，即将脚夫水手，拘拿到案，详究本犯踪迹，勒缉务获，于私贩罪上，加倍治罪，并究出售与之人，亦照私贩例治罪，其脚夫水手，分别治罪，若大伙兴贩，聚众拒捕，及执持器械，杀伤巡役人等，脱逃之枭徒，照强盗例，勒缉务获，照例定拟，倘有不行擒拿，故为疏纵情弊，将地方文武各官，俱指名题参，从重议处，各役加倍治罪，各上司容隐不参，将专辖之上司，照例议处。

按：此条系雍正六年定例，乾隆五年，删改例文，定为“凡大伙兴贩，聚众拒捕，及执持器械，杀伤巡役人等之枭徒，照强盗例勒缉，地方文武各员疏纵及上司容隐不参，交部议处”，光绪年删。

——拿获私盐，限四个月完结，其案内私盐，交与本处盐商，较时价减十分之一二，立即变价，所获骡马牛驴，如延挨不变，以致倒毙，著落该州县官，照中等价值赔补，车船等物，亦照依时价，据实变价，报部查核，倘有侵渔捏报情弊，并逾限不行完结及不即变价报解者，将该州县，分别议处治罪。

按：此条系雍正七年定例，乾隆三十七年，将“较时价减十分之一二”句，改为“照官盐价值”。嘉庆十一年，修改例文，定为“拿获私盐，限四个月完结，如人盐并获者，将所获盐货车船头匹等项，全行赏给，如系获盐而不获人，确查盐犯，实系脱逃者，以一半给赏，一半充公，倘有故纵情事，无论巡役兵丁，受贿者，计赃，以枉法从重论，未受贿者，杖一百革退，所获盐货等项，一概充公，不准赏给，私盐交与本处盐商，照官盐价值，立即变价”，“骡马牛驴”云云下，与雍正例同。宣统二年，修改例文，于“人盐并获”上，删“如”字，“获盐而不获人”上，删“系”字，又“给赏”作“赏给，”“杖一百”作处

"十等罚",其例文至"一概充公"为止,下删。

——盐船在大江失风失水者,查明准其装盐复运,倘有假捏情弊,以贩私律治罪。

按:此条系雍正十年定例。

——除行盐地方,大伙私贩,严加缉究外,其贫难小民,年六十岁以上,十五岁以下,及年虽少壮,身有残疾,并妇女年老孤独无依者,于本州县报明,验实注册,每日赴场买盐四十斤挑卖,止许陆路,不许船装,并越境至别处地方,及一日数次出入,如有违犯,分别治罪。

按:此条系乾隆元年定例,宣统二年,于"贫难小民"后删"年六十岁以上,十五岁以下,及年虽少壮,身有残疾"等字,并于"妇女"后删"年老"二字。

——巡盐兵捕,自行夹带私贩及通同他人运贩者,照私盐加一等治罪。

按:此条系乾隆五年定例。

——凡收买肩贩官盐,越境货卖,审明实非私枭者,除无拒捕情形,仍照律问拟外,其拒捕者,照罪人拒捕律加罪二等,如兴贩本罪应问充军者,仍从重论,如拒捕殴人,至折伤以上者,绞,杀人者,斩,俱监候,为从各减一等。

按:此条系乾隆七年定例,宣统二年,修改例文,于"加罪二等"下,删"如兴贩本罪应问充军,仍从重论"等字,并改为"倘拒捕殴人,至折伤以上者,绞监候,杀人者,亦绞监候,为从各减一等",又增注,"下手帮殴之人,以为从论"十字。

——盐商雇募巡役，如遇私枭大贩，即飞报营汛，协同擒拿，其雇募巡役，不许私带鸟枪，违者照私藏军器律治罪，失察之地方官，交部照例议处。

按：此条系乾隆八年定例，宣统二年，改“鸟枪”为“枪枝”。

——凡运盐船户，偷窃商盐，整包售卖者，照船户行窃商民例，分别首从，计赃科罪，各加枷号两个月，仍尽本法刺字，所卖之赃，照追给主，如追不足数，将船变抵，其押运商厮起意通同盗卖者，依奴仆勾引外人，同盗家长财物，计赃递加窃盗一等例治罪，如非起意，止通同偷卖分赃者，依奴仆盗家长财物，照窃盗例，计赃科断，若商厮稽察不到，被船户乘机盗卖者，照不应重律，杖八十，如押运之人，或系该商亲属，仍分别有服无服，照亲属相盗律例科断。

按：此条系乾隆十六年定例，宣统二年，修改例文，于“整包售卖者”下，删“照船户行窃商民例”八字，又于计赃科罪下，删“各加枷两个月仍尽本法刺字”十三字，又于“勾引外人，同盗家长财物”下，删“计赃递加窃盗一等”八字，又于“盗家长财物”下，删“照窃盗例计赃”六字，又“奴仆”作“雇工人”，“杖八十”作“治罪。”

——埠头明知船户不良，朦混揽装及任意扣克水脚，致船户途间乏用，盗卖商盐者，照写船保载等行，持强代揽，勒索使用，扰害客商例治罪外，加枷号一个月，船户变赔不足之赃，并令代补，如无前项情弊，止于保雇不实者，照不应重律，杖八十。

按：此条系乾隆十六年定例，宣统二年，删改例文，于

"照写船保载等行，持强代揽，勒索使用，扰害客商例治罪"下，删"外加枷号一个月"七字，又"杖八十"作"治罪"。

——贩卖私盐，数至三百斤以上及盘获粮船夹带，讯系大伙兴贩，均即究明，买自何处，按律治罪，如不将卖盐人姓名，据实供出者，即将该犯于应得本罪上，加一等定拟，若向老幼孤独，零星收买，数在三百斤以下，实不能供出卖盐人姓名者，仍以本罪科断，如承审各员，有心庇纵，含混完结，该管上司，不行详揭，一并题参议处。

按：此条系乾隆三十二年定例，宣统二年，删并见前。

——拿获船载车装马驮私盐，该地方官如不按律治罪，曲为开脱者，该管上司查出，即照故出人罪律，从重参处。

按：此条系乾隆三十二年定例，宣统二年，删并见前。

——引盐淹消，具报到官，该地方州县官，即会同营员，查勘确实，限一月内，通详盐道，于详到之日起，限半月内核转，以凭饬商补运，限三月内，过所运口岸，该盐政仍将淹消补运盐斤数目报部，其沿途督抚及该管盐道知府，随时查察，如有川县营员，扶同商人，捏报及勒索捺阁情弊，即行指名题参，商人照例治罪。

按：此条系乾隆三十二年定例，宣统二年，于"盐道"下，增"该道"二字，又"题参"作"奏参。"

——江西省行销淮盐各州县，并山西省河东盐池地方，除商雇巡役，仍各照例办理，不得擅带鸟枪外，其各省派出缉私员弁兵役，准其携带鸟枪，编列字号，官为给发，遇有大伙私枭，抢窃贼匪，持械拒捕者，许令施放鸟枪抵御，登时格杀者，照罪人持仗拒捕，登时格杀律勿论，若非格杀，或遇零星小贩，及虽属大伙，而非持械拒捕，或缉私兵役，所带鸟枪，并无官编字号，实系抵御聚众私枭，辄行放枪，致有杀伤者，各依罪人不拒捕而擅杀伤律，分别科断，至准带鸟枪之处，一俟枭贩稍戢，即行停止，傥准带鸟枪，缉私大员，仍有以力不能擒借口者，即以故纵私盐律，从重惩究，其江西省各州县，每月应销引盐若干，均分作十分，责令该管道府，将盐快兵丁，按月提比，如月内缉私快兵，能拿获大伙私枭两起，及引盐畅销十分以上者，酌量优赏，销至八九分者，免其责罚，如止七分者，笞四十，六分者，笞五十，五分者，杖六十，枷号一个月，四分者，杖七十，枷号四十五日，三分者，杖八十，枷号两个月，二分者，杖九十，枷号七十五日，满日折责仍留役，如止销至一分者，杖一百，枷号三个月，满日折责革役，各该员弁，随时稽查约束，如有任听兵役得贿包庇者，即照故纵衙役犯赃例参处。

按：此条系嘉庆二十年定例，道光五年增定，宣统二年删去“江西省行销淮盐地方”等字，改为“凡商雇巡役，仍照例办理，不得擅带枪枝外”云云，并于编列字号下，删“官为给发”四字。又“许令施放鸟枪抵御”，改为“许放枪抵御”。又“登时格杀者”，删“照罪人持仗拒捕登时格杀律”十二字。又例内“鸟枪”，均改作“枪枝”。又“借口”下，删“者”字，自“江西省各州县”以下均删。

——凡贩私盐徒，如有略置货物，装点客商，被官兵格伤后，挟制控告者，除聚众贩私杀人罪犯应死，无可复加外，余于巡获私盐，装诬平人，满流律上加一等，发附近充军，若兴贩本罪，已至充军，复行挟制控告者，于犯事地方，加枷号一个月，满日发配。

按：此条系道光二年定例，宣统二年，修改例文，将“发附近充军”，改作“发极边足四千里安置”，自“若兴贩本罪”以下均删。

——凡盐商雇募巡役，令将姓名，报明运司，造册送部，如因缉私，被盐匪杀伤，或杀伤盐匪者，依贩私拒捕杀伤及擅杀伤罪人各本律例，分别科断，若仅止报县有名，并未详司造册报部者，各以凡斗杀伤及兴贩私盐本律例，从其重者论。

按：此条系道光五年定例。同治六年，改定“直隶山东两省盐商，雇募巡役，由州县详明运司，转报盐院有名者，如因缉拿盐匪，致被杀伤，或杀伤盐匪者，各照贩私拒捕杀伤，并擅杀伤罪人本律例科断，若仅报州县有名，并未详司报院者，仍各以凡斗杀伤及兴贩私盐本律例，从其重者论，俟数年后，枭匪稍戢，仍复旧例办理”。宣统二年，删“直隶山东两省”六字，改为“凡盐商雇募巡役”云云，其“俟数年后”以下删。

考元、明、清三代法禁，元初多沿金旧，中统二年，始行更定，厥后时有损益，章则渐备，然其条画，关于职制者居多，非专限于私盐治罪法；逮乎明清，律例并著，律则注重治私，例则属于盐制，然条例中，亦有涉及盐禁者，爰并录之。

第七节　民　　国

私盐治罪法（三年十二月二十二日公布）：

第一条　凡未经盐务署之特许，而制造贩运售卖，或意图贩运而收藏者，为私盐。

第二条　犯私盐罪者，依左列处断。

一　不及三百斤者，处五等有期徒刑或拘役。

二　三百斤以上者，处三等或四等有期徒刑。

三　三千斤以上者，处二等或三等有期徒刑。

携有枪械意图拒捕者，加本刑一等。

第三条　犯私盐罪，结伙十人以上，拒捕杀人，伤害人致死及笃疾或废疾者，处死刑，伤害人未致死及笃疾者，处无期徒刑或一等有期徒刑。

结伙不及十人，伤害人致死或笃疾或废疾者，处死刑或无期徒刑，伤害人未致死及笃疾者，处无期徒刑或二等以上有期徒刑。

第四条　犯前条之罪应处死刑者，得用枪毙。

第五条　第三条之未遂犯，罚之。

第六条　知系私盐，而搬运受寄故买或为牙保者，减第二条之刑一等或二等。

第七条　盐务官员，缉私场警兵役，自犯私盐罪，或与犯人同谋者，加第二条之刑一等，其知有人犯第一条情事，而不予以相当之处分者，与犯人同罪，因犯前二项之罪而获利者，并科所得价额二倍以下价额以上之罚金，若二倍之数不及一百圆，科一百圆以下价额以上之罚金。

第八条　犯第三条之罪者，褫夺公权，其余得褫夺之。

第九条　犯私盐罪者，所有之盐及供犯罪所用之物，没收之。

第十条　本法自公布日施行。

缉私条例(三年十二月二十九日公布):

第一条　凡未经盐务署之特许,而制造贩运售卖,或意图贩运而收藏者,由缉私营队查缉之,地方官应负协助之责。

其经盐务署特许,而制造贩运售卖不如法者,由盐场或掣验榷运官吏查禁,但遇有重要情形,必须营队协助者,经该官吏之商调,或盐运使之调遣,缉私营队应协助之。

第二条　缉私营队缉捕前条第一项人犯,须人盐同获,获盐不获人者,仅就现获之盐没收之。

第三条　缉私营队于执行职务时,遇有结伙执持枪械拒捕者,得格杀之。

第四条　缉私营队缉获人犯,应移送该管司法官署或兼理司法事务之县知事审理。

第五条　缉私营队缉获私盐,应解交就近盐务官署,或解由司法官署及县知事,转解盐务官署,没收变价,除提成充赏外,归入盐务项下报解充公,其充赏成数,由盐务署定之。

第六条　本条例第二条第三条第四条,于盐场巡警或商雇巡役,经官署许可者适用之。

第七条　本条例自公布日施行。

第八条　本条例施行后,凡从前关于缉私各项章程规则,与本条例不相抵触者,仍继续有效。

海关缉私充赏办法(十八年六月十二日公布):

第一条　私盐案件经海关人员缉获后,应将赃犯及犯私盐罪所用物件,解送就近盐务机关处置,其查获人员之奖赏,应按海关担数,每担合一百三十三磅并一磅三分之一,在一百担以下者,每担给予奖金一元二角五分,在一百担以上五百担以下者,每担给予奖金一元三角七分五厘,五百担以上一千担以下者,每担给予奖金一元五角,一千担以上者,每担给予奖金一元六角二分五厘。

第二条　奖金应于盐斤解到后,由盐务机关如数交付海关查收。

第三条　奖金在盐税收入项下,以预支垫款名义开支。

第四条　私盐及物件充公变卖后,其售价除扣去自私盐物件解到盐务机关后所用之正当费用外,余数拨入盐税收入项下,如拨入之数不敷抵还奖金之数,在盐税收入帐内开支。

私盐充公充赏暨处置办法(十八年八月十四日公布):

第一条　私盐没收充公后,应由运使运副或榷运局长督同缉私局,按照下列办法变卖。

甲　在专卖区内交由当地专卖局或专商承买。

乙　在非专卖区内,或在专卖局专商未能于半月内承卖时,应由该管运使运副榷运局拍卖。

第二条　犯私盐罪所用之物经没收后,除帆船应锯断示众外,余均应由该管运使运副榷运局拍卖。

第三条　私盐变卖及罚款,除应提各项税款及缉私零支暨变卖充公盐斤物件所支各种费用外,全数拨充赏款。

前项罚款,系指盐务官署按照定章罚判所得,其司法官署及县长按照私盐治罪法判定刑期所折易之罚金,及缉私盐治罪法所规定盐务官员缉私场警兵役自犯私盐各罪所并科之罚金,应作为司法收入。

第四条　充公物之变价，除第三条私盐变价及罚款不敷费用时，应尽先拨足外，其余数在二百元以下者，全数拨充赏款，在二百元以上五百元以下者，以八成拨充赏款，五百元以上一千元以下者，以六成拨充赏款，一千元以上二千元以下者，以四成拨充赏款，二千元以上五千元以下者，以三成拨充赏款，五千元以上者，概以二成拨充赏款，其余各成，归所报解，不须提扣，不敷费用者，亦照此办理。

第五条　私盐及充公物之变价与罚款，如提出各项税款外，不敷开支，及认为必须赏款时，可特案呈准财政部盐务署在盐款收入项下核给。

第六条　赏款按照下列方法分配。

甲　由盐务官员缉私舰队场警所获案件，其赏款应以六成发给缉获人员，二成发给缉获人员之主管机关，按官员薪水(夫役不在内)比例分给，以二成发给报信人，但报信人有特殊情形者，得酌量数目，先提赏款，余数按八成分配，以六成发给缉获人员，二成发给主管机关，如无报信人，则缉获人员应得赏金全数之八成，直辖机关得二成。

乙　盐务官员缉私舰队场警，经地方军警或官员协助而缉获之案件，应以赏款五成发给缉获人员，以五成发给协助人员。

丙　由地方军警或官员独立缉获之案件，除私盐及充公物解送就近盐务机关变卖外，应以赏款全数发给缉获人员。

第七条　赏款由运使运副或榷运局长督同缉获人员之主管

长官发给之，并掣取收条，呈送财政部盐务署查核。

第八条　土盐或不适用之盐，或盐质太劣不能变卖之盐，经缉获后应即销毁，其充公物变价，除先提缉私零支及变卖充公物所支各种费用外，余数按照第四条拨充赏款，如不敷开支及认为必须赏款时，可特案呈准财政部盐务署，在盐税收入项下核给。

第九条　海关缉私充实办法另定之。

第十条　本办法得由盐务署呈请财政部修正之。

第十一条　本办法自公布日施行。

私盐轻微案件处罚章程（十八年八月十四日公布）：

第一条　各盐务缉私水陆舰队及场警等，缉获私盐人犯时，如查系轻微案件，除私盐及其应充公之物，照私盐治罪法没收外，所获私贩，按照本章程处罚。

第二条　轻微案件，以老弱妇孺误犯盐法，肩挑负贩，或随身夹带私盐，其数在司马秤一百斤以内，并无拒捕情事者为限。

第三条　轻微案件处罚，分为两种如左。

甲　五十元以下二十元以上之罚金，或五十日以下二十日以上之拘役。

乙　二十元以下三元以上之罚金，或二十日以下三日以上之拘役。

第四条　轻微案件初犯者，按照前例乙项处罚，再犯者，按照甲项处罚。

第五条　轻微案件违犯至三次者，无论私盐多寡，均按照私盐治罪法及盐务缉私条例办理。

第六条　各盐务缉私水陆舰队及场警等缉获轻微案件人犯时，应按照本章程拟具处罚办法，报由该管长官核准施行，并将人犯姓名年岁籍贯职业面貌，呈由该管缉私局或场长，通行各属备查。

前项所指该管长官，各缉私队中队长以上，舰队舰长以上，场警区长以上，得核准之，其本由中队长舰长区长缉获者，仍应呈报该管长官核准施行。

第七条　各盐务缉私水陆舰队及场警等，应于每案办结后，呈报该管缉私局或场长，汇造月报，呈由该管运使运副或榷运局长转呈财政部盐务署备案。

第八条　本章程每案所处罚金及没收盐斤物件变价之款，按照私盐充公充赏暨处置办法办理之。

第九条　各运使运副榷运局长得会同该属缉私机关，根据本章程，拟具各该属私盐轻微案件处罚章程施行细则，呈报财政部盐务署核准施行。

第十条　本章程得由盐务署呈请财政部修正之。

第十一条　本章程自公布日施行。

附 录 一

全国盐务近五年平均产盐放盐及税收表

区别	产盐(市担)	销盐(市担)	税收(元)	备考
长芦	6 816 000	4 740 000	17 667 000	口北区包括在内
河东	1 201 000	508 000	3 345 000	
晋北	275 000	533 000	1 070 000	
山东	9 350 000	3 360 000	8 827 000	
淮北	8 495 000	2 675 000	17 501 000	
扬州	1 191 000	1 208 000	13 081 000	
松江	409 000	1 707 000	10 576 000	
两浙	4 722 000	3 046 000	9 470 000	
鄂岸		2 047 000	13 524 000	
湘岸		2 656 000	12 725 000	
皖岸		1 094 000	5 478 000	
西岸		1 181 000	8 400 000	

（续表）

区　别	产　盐（市担）	销　盐（市担）	税　收（元）	备　考
河　南		2 204 000	6 187 000	
福　建	1 266 000	1 004 000	3 624 000	
广　东	4 101 000	4 564 000	10 651 000	
云　南	689 000	683 000	2 200 000	
川　南	5 718 000	5 230 000	11 407 000	
川　北	1 710 000	1 710 000	1 870 000	
陕　西	17 000	492 000	634 000	该区收税局系在民国二十二年始行成立其未成立以前之销盐数系河东区所放潞盐及其税收之数陕西所产土盐二十二年以前无报告
西　北	342 000	412 000	1 198 000	该区民国二十四年以前之数目系根据盐务署统计数
总　所	——	——	605 000	总所收入系银行利息房产租金行政收入等及民国二十二三四年湘岸与陕西补征淮潞盐场税均包括在内
总　计	46 302 000	41 054 000	160 040 000	
运销国外		4 476 000	337 000	运销国外之盐除民国二十四年闽盐有少数盐税一万元外其余均系东盐
合　计	46 302 000	45 530 000	160 377 000	

各区产盐表（民国二十年至二十四年）

以一千市担为单位

产区名	民国					合共	平均
	二十年	二十一年	二十二年	二十三年	二十四年		
长芦（甲）	7 004	5 900	6 659	6 740	7 776	34 079	6 816
河东	1 199	1 132	1 024	1 282	1 366	6 003	1 201
晋北	314	246	218	292	305	1 375	275
山东	6 497	9 638	9 804	8 890	11 919	46 748	9 350
淮北	5 094	9 608	6 612	7 656	13 506	42 476	8 495
扬州	729	773	1 556	1 681	1 217	5 956	1 191
松江	319	239	363	534	591	2 046	409
两浙	4 117	5 362	5 240	5 087	3 802	23 608	4 722
福建	870	1 272	2 449	1 216	526	6 333	1 266
广东	4 566	5 038	4 788	3 260	2 853	20 505	4 101
云南	641	620	753	655	778	3 447	689

（续表）

产区名	民国					合共	平均
	二十年	二十一年	二十二年	二十三年	二十四年		
川南	5 693	5 643	5 618	5 848	5 789	28 591	5 718
川北	1 850	1 838	1 637	1 624	1 599	8 548	1 710
西北	（乙）206	（丙）321	311	258	616	1 712	341
陕西	（丁）	（丁）	30	22	31	83	17
总计	39 099	47 630	47 062	45 045	52 674	131 510	46 302

（甲）——包括口北区
（乙）——民国十四年以前之五年平均数
（丙）——假定每年销盐数为产盐数
（丁）——民国二十二年该区税局未成立以前未据报告

各区销盐表（民国二十年至二十四年）

以一千市担为单位

销区名	民国					合共	平均
	二十年	二十一年	二十二年	二十三年	二十四年		
长芦（甲）	4 121	5 151	4 777	4 549	5 102	23 700	4 740
河东	460	575	525	477	499	2 536	508
晋北	767	533	541	414	411	2 666	533
山东	4 121	3 895	3 453	2 660	2 673	16 802	3 360
淮北	2 615	2 734	3 350	1 918	2 759	13 376	2 675
扬州	1 019	1 217	1 449	1 255	1 098	6 038	1 208
松江	1 793	1 591	1 782	1 703	1 667	8 536	1 707
两浙	3 434	3 510	3 377	2 313	2 596	15 230	3 046
鄂岸	1 937	2 062	2 217	2 133	1 884	10 233	2 047
湘岸	3 326	2 750	2 322	2 482	2 399	13 279	2 656
皖岸	1 114	1 105	1 149	1 021	1 083	5 472	1 094
西岸	1 312	1 082	1 114	1 223	1 176	5 907	1 181

（续表）

销区名	民国					合共	平均
	二十年	二十一年	二十二年	二十三年	二十四年		
河南	2 498	2 043	2 278	2 006	2 196	11 021	2 204
福建	1 160	1 217	1 093	659	889	5 018	1 004
广东	5 198	4 552	5 422	3 893	3 755	22 820	4 564
云南	615	618	759	663	760	3 415	683
川南	5 293	5 174	5 164	5 272	5 245	26 148	5 230
川北	1 838	1 852	1 618	1 615	1 627	8 550	1 710
陕西	（乙）505	（乙）309	489	582	577	2 462	492
西北	（丙）206	（丁）321	（丁）442	（丁）498	594	2 061	412
总计	43 332	42 291	43 321	37 336	38 990	205 270	41 054
运销国外	3 905	4 340	5 263	4 191	4 679	22 378	4 476
合计	47 237	46 631	48 584	41 527	43 669	227 648	45 530

（甲）——包括口北区
（乙）——根据河东区年报
（丙）——民国十四年前之五年平均数
（丁）——盐务署统计数

名区税收表(民国二十年至二十四年)

以一千元为单位

区　　名	民　　国					合　　共	平　　均
	二十年	二十一年	二十二年	二十三年	二十四年		
长芦(甲)	11 330	12 464	14 811	22 955	26 775	88 335	17 667
河　　东	2 839	2 632	3 223	3 963	4 067	16 724	3 345
晋　　北	1 304	964	998	1 080	1 005	5 351	1 070
山　　东	7 039	7 942	9 313	10 549	9 294	44 137	8 827
淮　　北	11 739	13 371	20 920	21 919	19 555	87 504	17 501
扬　　州	13 041	13 752	14 634	10 640	13 336	65 403	13 081
松　　江	8 933	9 161	10 015	12 202	12 568	52 879	10 576
两　　浙	9 135	9 857	9 934	9 419	9 007	47 352	9 470
鄂　　岸	11 708	12 557	12 956	15 749	14 652	67 622	13 524
湘　　岸	11 809	11 445	12 840	14 120	13 412	63 626	12 725
皖　　岸	4 821	5 130	5 253	6 101	6 084	27 389	5 478
西　　岸	6 256	8 182	8 203	10 275	9 085	42 001	8 400

（续表）

区　名	民　国					合　共	平　均
	二十年	二十一年	二十二年	二十三年	二十四年		
河　南	4 701	5 118	6 138	7 273	7 703	30 933	6 187
福　建	3 650	3 440	3 556	2 764	4 707	18 117	3 624
广　东	12 339	10 468	11 594	9 566	9 290	53 257	10 651
云　南	1 291	1 698	2 631	2 473	2 906	10 999	2 200
川　南	10 085	11 645	8 904	10 781	15 621	57 036	11 407
川　北	1 853	1 901	1 746	1 758	2 093	9 351	1 870
陕　西	（乙）——	（乙）——	262	1 427	1 480	3 169	634
总　所	47	167	954	631	1 227	3 026	605
西　北	（丙）843	（丙）1 102	（丙）1 446	（丙）1 483	1 117	5 991	1 198
总　计	134 763	142 996	160 331	177 128	184 984	800 202	160 040
运销国外	308	291	362	333	389	1 683	337
合　计	135 071	143 287	160 693	177 461	185 373	801 885	160 377

（甲）——包括口北区
（乙）——民国二十年及二十一年之税收已包括在河东区数目之内
（丙）——根据盐务署之数目

民国二十五年七月一日全国各盐区销地及税率表

说明

（一）查各区中央附税内各项细目业经合并为一统称中央附税兹为便于稽考起见特将细目仍行分列

（二）表内税率有非在一区征收者其在别区征收之数均用括弧表明并于附注栏内加注以便对照

1. 长芦（民国二十五年七月）

销地		正税 场税（元）	正税 岸税（元）	附加税 外债（元）	附加税 中央（元）	附加税 地方（元）	由何区征收 长芦（元）	由何区征收 别区（元）	共计（元）	附注
河北岸	冀北（清苑等四十五县）	3.70	——	0.30	A 0.10	a 0.50 b 0.50 c 1.00 d 1.00 e 1.00 f 0.033	8.133	——	8.133	
河北岸	冀南（沧州等七十九县）	3.70	——	0.30	A 0.10	a 0.50 b 0.50 c 1.00 d 1.00 d_1 0.50 f 0.033	7.633	——	7.633	

（续表）

销地	正税		附加税			由何区征收		共计（元）	附注
	场税（元）	岸税（元）	外债（元）	中央（元）	地方（元）	长芦（元）	别区（元）		
北平岸（宛平大兴二县）	3.70	——	0.30	A 0.10	a 0.50 b 0.50 c 1.00 d 1.00 e 1.00 f 0.033	8.133	——	8.133	
天津岸（天津一县）	3.70	——	0.30	A 0.10	a 0.50 b 0.50 c 1.00 d 1.00 e 1.00 f 0.033	8.133	——	8.133	
永平岸（卢龙等八县）	3.70	——	0.30	A 0.10	a 0.50 b 0.50 c 1.00 d 1.00 e 1.00 f 0.033	8.133	——	8.133	定都　县系属新置

（续表）

销地	正税		附加税			由何区征收		共计（元）	附注
	场税（元）	岸税（元）	外债（元）	中央（元）	地方（元）	长芦（元）	别区（元）		
口北（察哈尔张北等十六县热河承德等十九县）	3.70	——	0.30	A 0.10	a 0.50 b 0.50 f 0.033	5.133	——	5.133	
河南岸（安阳等五十三县）	3.00	（3.50）	0.30		b 0.50 e 0.70 f 0.033	4.533	（3.50）	8.033	岸税在豫征收
河南巩孟等八县	3.00	（3.50）	0.30		b 0.50 e 0.70 f 0.033	4.533	（3.50）	8.033	岸税在豫征收
河南汝光等十五县	3.00	（3.50）	0.30		b 0.50 e 0.70 f 0.033	4.533	（3.50）	8.033	岸税在豫征收
晋北中南路		（2.75）	（0.30）	B （0.50）	a 0.50 b 0.50 f 0.033	1.033	（3.55）	4.583	长芦仅收地方附税余在晋北征收
鱼盐	0.50			A 0.10	b 0.033	0.633	——	0.633	
永利硷厂（制硷原料）									自民国十九年七月十一日起免税三十年

（续表）

销地	正税		附加税			由何区征收		共计（元）	附注
	场税（元）	岸税（元）	外债（元）	中央（元）	地方（元）	长芦（元）	别区（元）		
渤海公司（制硫酸盐原料）	0.03					0.03		0.03	
北宁路局（软水机用盐）	3.70			A 0.10	a 0.50 b 0.50 c 1.00 d 1.00 e 1.00 f 0.033	8.133	——	8.133	
河北省（卤块）	0.80					0.80	——	0.80	
河北省（皮硝）	0.50					0.50	——	0.50	
河北省（虾油虾酱）	0.30					0.30	——	0.30	
河北合记化学公司（硝土）	0.05					0.05	——	0.05	
河北渤海化学公司（硝土）	0.02					0.02	——	0.02	
河北渤海化学公司（卤汤）	0.02					0.02	——	0.02	
察哈尔（万全等十六县——青盐）	2.00		0.30			2.30	——	2.30	

（续表）

销地	正税		附加税			由何区征收		共计（元）	附注
	场税（元）	岸税（元）	外债（元）	中央（元）	地方（元）	长芦（元）	别区（元）		
绥远(丰镇集宁陶林三县——青盐)	2.00		0.30			2.30	——	2.30	
晋北(浑原大同左云天镇四县——青盐)	2.00		0.30	B 0.50		2.80	——	2.80	
察哈尔(万全等七县——白盐)	1.50		0.30			1.80	——	1.80	
绥远(兴和等五县——白盐)	1.50		0.30			1.80	——	1.80	
晋北(浑原等四县——白盐)	2.00		0.30	B 0.50		2.80	——	2.80	
察哈尔(万全等七县——土盐)	1.50		0.30			1.80	——	1.80	
绥远(兴和等五县——土盐)	1.50		0.30			1.80	——	1.80	
晋北(浑原等四县——土盐)	2.00		0.30	B 0.50		2.80	——	2.80	

说明　（一）中央附税栏　A 整理费　B 附加

（二）地方附税栏　a 河工捐　b 产地捐　c 加征产捐　d 销地捐　d_1 销地整理费　e 军事特捐　f 缉私捐

（三）表内税率有非在一区征收者其在别区征收之数均用括弧表明并于附注栏内加注以便对照其他各区仿此

2. 河东（民国二十五年七月）

销地	正税		附加税			由何区征收		共计（元）	附注
	场税（元）	岸税（元）	外债（元）	中央（元）	地方（元）	河东（元）	别区（元）		
山西安邑等四十五县	2.50		0.30			2.80	——	2.80	
晋北南部阳曲等三十四县	2.50		0.30			2.80	——	2.80	
陕西朝邑等三十六县	2.50	（2.50）	0.30			2.80	（2.50）	5.30	岸税在陕征收
河南陕县等二十六县	2.50	（3.00）	0.30	B （0.50）		2.80	（3.50）	6.30	岸税及中央附税在豫征收
河南巩孟等八县	2.50	（3.00）	0.30	B （0.50）		2.80	（3.50）	6.30	岸税及中央附税均在豫征收
说明　中央附税栏　B　附加									

3. 晋北（民国二十五年七月）

销地	正税		附加税			由何区征收		共计（元）	附注
	场税（元）	岸税（元）	外债（元）	中央（元）	地方（元）	晋北（元）	别区（元）		
中南路（阳曲等十九县——芦盐）		2.75	0.30	B 0.50	a （0.50） b （0.50） f （0.033）	3.55	1.033	4.583	地方附税在芦征收

（续表）

销地	正税		附加税			由何区征收		共计（元）	附注
	场税（元）	岸税（元）	外债（元）	中央（元）	地方（元）	晋北（元）	别区（元）		
中南路（中南路土盐）	1.50		0.30			1.80		1.80	中南路土盐系按锅征收
中南路（北路土化红盐）	1.50		0.30	B 0.50		2.30		2.30	
中南路（北路土白盐）	1.25		0.30	B 0.50		2.05		2.05	
北路（蒙白盐）		2.00	0.30	B 0.50		2.80		2.80	
北路（北路土化红盐）	1.50		0.30	B 0.50		2.30		2.30	
北路（北路土白盐）	1.25		0.30	B 0.50		2.05		2.05	
绥磴（吉兰泰盐）		1.50	0.30	B 0.50		2.30		2.30	
绥磴（蒙白盐）		1.50	0.30	B 0.50		2.30		2.30	
绥磴（花马池盐）		2.00	0.30	B 0.50		2.80		2.80	
绥磴（河口及萨县土盐）	1.50		0.30	——		1.80		1.80	河口及萨县土盐系按锅征收
碛口（吉兰泰盐）		1.50	0.30	B 0.50		2.30		2.30	
碛口（蒙白盐）		2.00	0.30	B 0.50		2.80		2.80	
碛口（陕北土盐）		1.50	0.30	B 0.50		2.30		2.30	

说明 （一）中央附税栏　B　附加
（二）地方附税栏　a　河工捐　b　产地捐　f　缉私捐

4. 山东(民国二十五年七月)

销地	正税		附加税			由何区征收		共计(元)	附注
	场税(元)	岸税(元)	外债(元)	中央(元)	地方(元)	山东(元)	别区(元)		
东纲引岸(历城等七十九县)	2.50		0.30	C 1.50 D 1.00 E 0.20		5.50	——	5.50	
东纲引岸寿光县	2.50		0.30	C 0.70 D 1.00 E 0.20		4.70		4.70	
东纲引岸(昌益临三县)	3.30		0.30	D 0.90 E 0.20		4.70	——	4.70	
东纲引岸(潍县)	2.30		0.30	D 0.90 E 0.20		3.70	——	3.70	
东纲引岸(河南归德十县)	2.00	(2.50)	0.30	C 1.50 E 0.20		4.00	(2.50)	6.50	岸税在豫征收
东纲引岸(江苏徐州五县)	2.50		0.30	C 2.00 E 0.20		5.00	——	5.00	
东纲引岸(安徽宿涡二县)	2.50		0.30	C 2.00 E 0.20		5.00	——	5.00	
东岸(掖县等十八县)	1.20		0.30	C 1.00 E 0.20		2.70	——	2.70	

（续表）

销地	正税		附加税			由何区征收		共计（元）	附注
	场税（元）	岸税（元）	外债（元）	中央（元）	地方（元）	山东（元）	别区（元）		
胶济铁路软水用盐	2.50		0.30	C 1.50 D 1.00 E 0.20		5.50	——	5.50	
鄂西（宜昌沙市）	3.50		0.30	（6.60）		3.80	（6.60）	10.40	中央附税在鄂征收详见鄂岸表
鄂西（樊城）	3.50		0.30	（5.30）		3.80	（5.30）	9.10	中央附税在鄂征收详见鄂岸表
沿海各地鱼盐	0.30					0.30	——	0.30	
青岛工业用盐	0.03					0.03	——	0.03	
运销日本（食盐）	0.03					0.03		0.03	
运销日本（工业用盐）	0.06					0.06		0.06	
轮运高丽	0.12					0.12		0.12	
帆运高丽	0.12					0.12		0.12	帆运高丽每担由二角减至一角二分系奉财部二十四年二月二十三日盐字第一二四三九号令准
咸鱼	0.30					0.30		0.30	
虾油虾酱	0.40					0.40		0.40	
说明　中央附税栏　C 军用加价　D 财部附税　E 建坨费									

5. 淮北(民国二十五年七月)

销地	正税		附加税			由何区征收		共计(元)	附注
	场税(元)	岸税(元)	外债(元)	中央(元)	地方(元)	淮北(元)	别区(元)		
皖北泗县等十八县及涡阳南部	3.70		0.30	F 1.00 G 1.00 E 0.10		6.10	——	6.10	
河南汝光(汝南等十五县——由平汉陇海两路车运)	3.00	(3.00)	0.30	B 0.70 F 1.00 E 0.10		5.10	(3.00)	8.10	岸税在豫征收
河南汝光(汝南等十五县——三河尖船运)	3.70	(1.50)	0.30	F 1.00 G 1.00 E 0.10		6.10	(1.50)	7.60	岸税在豫征收
河南汝光(汝南等十五县——三河尖肩挑)	3.70	(1.07)	0.30	F 1.00 G 1.00 E 0.10		6.10	(1.07)	7.17	每挑七十斤到豫后征销税七角五分如以担计每担应征一元零七分
鄂岸	3.00	(1.50)	(0.30)	(4.30)—(5.60)		3.00	(6.0)—(7.40)	9.10—10.40	除场税在淮征收外余在鄂征收详见鄂岸表
鄂西	3.50		(0.30)	(5.30)—(6.60)		3.50	(5.60)—(6.90)	9.10—10.40	除场税在淮征收外余在鄂征收详见鄂岸表

（续表）

销地	正税		附加税			由何区征收		共计（元）	附注
	场税（元）	岸税（元）	外债（元）	中央（元）	地方（元）	淮北（元）	别区（元）		
湘岸	3.00	（1.50）	（0.30）	（0.60）—（1.68）	（1.60）—（3.92）	3.00	（4.00）—（7.40）	7.00—10.40	除场税在淮征收外余在湘征收详见湘岸表
皖岸	3.00	（0.70）—（1.50）	（0.30）	（2.10）—（2.60）	（2.70）	3.00	（3.10）—（7.10）	6.10—10.10	除场税在淮征收外余在皖征收详见皖岸表
西岸	3.00	（1.50）	（0.30）	（0.60）	（5.00）	3.00	（7.40）	10.40	除场税在淮征收外余在赣征收详见西岸表
江西建昌（南丰等五县）	3.00	（1.50）	（0.30）	（0.60）	（5.00）	3.00	（7.40）	10.40	除场税在淮征收外余在赣征收详见西岸表
江苏六岸（淮安等六县）	2.70		0.30	B 2.00 E 0.10		5.10	——	5.10	
江苏五岸（沭阳等五县）	2.70		0.30	B 2.00 E 0.10		5.10	——	5.10	
山东临沂等六县	3.20		0.30	B 1.00 E 0.10		4.60	——	4.60	
京市	3.25		0.30	A 0.10 B 2.50	g 0.55 h 0.20 i 0.20	7.10	——	7.10	

（续表）

销地	正税		附加税			由何区征收		共计（元）	附注
	场税（元）	岸税（元）	外债（元）	中央（元）	地方（元）	淮北（元）	别区（元）		
肉盐腌切盐及陆地鱼盐	1.00					1.00	——	1.00	
鱼盐	0.30					0.30	——	0.30	鱼盐在涛青及其所属每担征税三角
鱼盐	0.20					0.20	——	0.20	鱼盐在猴嘴东陬山三港等处每担征税二角
上海天原电化厂工业用盐	0.03					0.03	——	0.03	
卤膏	1.00					1.00	——	1.00	
说明 （一）中央附税栏　A 整理费　B 附加　E 建坨费　F 军费　G 蚌埠销税 （二）地方附税栏　g 补助省库加价　h 善后公债还本基金　i 场警经费									

6. 扬州（民国二十五年七月）

销地	正税		附加税			由何区征收		共计（元）	附注
	场税（元）	岸税（元）	外债（元）	中央（元）	地方（元）	扬州（元）	别区（元）		
海门	2.00		0.30	C 1.00 F 0.75 A 0.10	g 0.55 h 0.20 i 0.20	5.10	——	5.10	扬州区各销地场警经费淮北盐每担征收一角五分较淮南盐少征五分

（续表）

销地	正税		附加税			由何区征收		共计（元）	附注
	场税（元）	岸税（元）	外债（元）	中央（元）	地方（元）	扬州（元）	别区（元）		
阜宁等四县（阜宁盐城东台通县）	1.75		0.30	C 1.00 F 1.00 A 0.10	g 0.55 h 0.20 i 0.20	5.10	—	5.10	
如皋	1.50		0.30	C 1.00 F 1.25 A 0.10 r 0.40	g 0.55 h 0.20 i 0.20	5.50	—	5.50	
兴化宝应	1.50		0.30	C 1.00 F 1.25 A 0.10	g 0.55 h 0.20 i 0.20	5.10	—	5.10	
泰兴等六县（泰兴泰县扬中高邮江都及安徽天长）	2.25		0.30	C 1.00 F 1.50 A 0.10	g 0.55 h 0.20 i 0.20	6.10	—	6.10	
仪征	2.35		0.30	C 1.00 F 1.50 A 0.10	g 0.45 h 0.20 i 0.20	6.10	—	6.10	

（续表）

销地	正税		附加税			由何区征收		共计（元）	附注
	场税（元）	岸税（元）	外债（元）	中央（元）	地方（元）	扬州（元）	别区（元）		
江宁等六县（江宁江浦六合高淳溧水句容）	3.25		0.30	C 1.00 F 1.50 A 0.10	g 0.55 h 0.20 i 0.20	7.10	——	7.10	
京　市	3.20		0.30	C 1.00 F 1.90 A 0.10	g 0.55 h 0.20 i 0.20	7.10	——	7.10	京市于二十四年一月开放为淮南及淮北盐自由贸易区京市场警经费淮南及淮北盐相同每担均征二角
东台轻税区	1.15		0.15	C 0.50 F 0.50 A 0.10	i 0.20	2.60	——	2.60	
常阴沙	3.40		0.30	C 1.00 F 1.25 A 0.10	i 0.05	6.10	——	6.10	
鄂　岸	3.00	（1.50）	（0.30）	（4.30）—（5.60）		3.00	（6.10）—（7.40）	9.10—10.40	除场税在扬征收外余在鄂征收详见鄂岸表

（续表）

销地	正税		附加税			由何区征收		共计（元）	附注
	场税（元）	岸税（元）	外债（元）	中央（元）	地方（元）	扬州（元）	别区（元）		
湘岸	3.00	(1.50)	(0.30)	(0.60)—(1.68)	(0.60)—(3.92)	3.00	(3.00)—(7.40)	6.00—10.40	除场税在扬征收外余在湘征收详见湘岸表
湘岸（新田宁远江华永明道县）	3.00	(2.00)				3.00	(2.00)	5.00	除场税在扬征收外岸税在湘征收详见湘岸表
皖岸	3.00	(1.50)	(0.30)	(1.60)	(1.70)—(2.70)	3.00	(5.10)—(6.10)	8.10—9.10	除场税在扬征收外余在皖征收详见皖岸表
西岸	3.00	(1.50)	(0.30)	(0.60)	(5.00)	3.00	(7.40)	10.40	除场税在扬征收外余在赣征收详见西岸表
西岸（莲花宁冈遂川永新万安）	3.00	(1.50)	(0.30)	(0.60)	(3.20)	3.00	(5.60)	8.60	除场税在扬征收外余在赣征收详见西岸表
滁来县来安全椒	3.00	(0.75)	(0.30)	F (1.75) H (0.10)	j (0.40) k (0.30)	3.00	(3.60)	6.60	除场税在扬征收外余在皖征收
鱼盐	0.20					0.20	——	0.20	

说明 （一）中央附税栏 A 整理费 C 军用加价 F 军费 H 筹备费
（二）地方附税栏 g 补助省库加价 h 善后公债还本基金 i 场警经费 j 皖省加价 k 苏省贴边费

7. 松江(民国二十五年七月)

销地	正税		附加税			由何区征收		共计(元)	附注
	场税(元)	岸税(元)	外债(元)	中央(元)	地方(元)	松江(元)	别区(元)		
吴县等七县	3.20		0.30	E 2.50 D 0.10	l 0.60 m 0.40 n 0.10	7.20	——	7.20	
江阴等十八县	3.20		0.30	E 2.50 D 0.10	l 0.60 m 0.40 n 0.10	7.20	——	7.20	
常阴沙	3.20		0.30	E 2.50 D 0.10		6.10	——	6.10	
上南川减地及宝山结一九	3.20		0.30	E 2.50 D 0.10	l 0.60 m 0.40 n 0.10	7.20	——	7.20	
上海租界	3.20		0.30	E 2.50 D 0.10	l 0.60 m 0.40 n 0.10	7.20	——	7.20	
崇明启东	1.50		0.15	E 2.25 D 0.10	n 0.10	4.10	——	4.10	
横沙各岛	1.00			D 0.10		1.10	——	1.10	

（续表）

销地	正税		附加税			由何区征收		共计（元）	附注
	场税（元）	岸税（元）	外债（元）	中央（元）	地方（元）	松江（元）	别区（元）		
鱼盐蜇盐	0.20					0.20	——	0.20	
卤水	0.03					0.03	——	0.03	

说明 （一）中央附税栏 E 军费 D 建坨费
（二）地方附税栏 l 省库附加 m 省公债加价 n 教育费

8. 两浙（民国二十五年七月）

销地	正税		附加税			由何区征收		共计（元）	附注
	场税（元）	岸税（元）	外债（元）	中央（元）	地方（元）	两浙（元）	别区（元）		
纲地（浙江嘉兴等三十四县安徽广德七县）	3.20		0.30	C 1.00 I 1.50 A 0.10	o 0.30 p 0.50 q 0.20	7.10	——	7.10	
纲地（江西玉山等七县）	3.20		0.30	C 1.00 I 1.50 A 0.10	o 0.30 p 0.50 q 0.20 w （2.10）	7.10	（2.10）	9.20	口捐在赣征收

（续表）

销地	正税		附加税			由何区征收		共计（元）	附注
	场税（元）	岸税（元）	外债（元）	中央（元）	地方（元）	两浙（元）	别区（元）		
肩地（杭县等七县）	3.60		0.15	C 0.50 I 0.75 A 0.10	o 0.30 p 0.50 q 0.20	6.10	——	6.10	
肩地（上四乡）	3.10		0.15	I 0.95 A 0.10		4.30	——	4.30	
住地（嵊县等四县）	3.60		0.15	C 0.50 I 0.75 A 0.30	o 0.30 p 0.50 q 0.20	6.10	——	6.10	
宁属引地（鄞县等四县）	2.85		0.15	C 0.50 I 0.50 A 0.10	o 0.30 p 0.50 q 0.20	5.10	——	5.10	
温处厘地（缙云永康武义）	2.70		0.15	C 0.50 I 0.70 A 0.10		4.20	——	4.20	
温处厘地（处州泰顺——丽水等十县）	2.15		0.15	C 0.50 I 0.80 A 0.10	o 0.15 p 0.25 q 0.10	4.20	——	4.20	

（续表）

销地	正税		附加税			由何区征收		共计(元)	附注
	场税(元)	岸税(元)	外债(元)	中央(元)	地方(元)	两浙(元)	别区(元)		
温处厘地（永嘉城厢）	2.05		0.15	I 0.933 A 0.10	o 0.10 p 0.167 q 0.10	3.60	——	3.60	
温处厘地（永嘉孝义乡）	1.00		0.30	C 0.50 I 0.966 A 0.10	o 0.20 p 0.334 q 0.20	3.60	——	3.60	
温处厘地（平阳乐清瑞安）	1.60		0.15	I 1.383 A 0.10	o 0.10 p 0.167 q 0.10	3.60	——	3.60	
温处厘地（永嘉瑞安平阳近海处）	1.60			I 1.90 A 0.10		3.60	——	3.60	
温处厘地（楚门坎门——闽盐）	(1.00)	1.30		A 0.10		1.40	(1.00)	2.40	场税在闽征收
台属厘地（临海天台仙居）	1.20			C 0.50 I 1.00 A 0.10	o 0.20 p 0.40 q 0.20	3.60	——	3.60	
杭属轻税（黄湾）	2.00			A 0.10		2.10	——	2.10	
杭属轻税（鲍郎）	1.50			A 0.10		1.60	——	1.60	

（续表）

销地	正税		附加税			由何区征收		共计（元）	附注
	场税（元）	岸税（元）	外债（元）	中央（元）	地方（元）	两浙（元）	别区（元）		
杭属轻税（芦沥）	0.70			A　0.10		0.80	——	0.80	
宁属轻税（余姚鸣鹤清泉穿长大嵩）	1.00			A　0.10		1.10	——	1.10	
宁属轻税（定海）	0.70			A　0.10		0.80	——	0.80	
宁属轻税（宁海北半县）	2.85			A　0.10		2.95	——	2.95	
温属轻税（乐清玉环）	1.60			A　0.10		1.70	——	1.70	
台属轻税（宁海塘里葭芷海门新亭涌泉）	1.20			A　0.10		1.30	——	1.30	
台属轻税（象山南田）	1.00			A　0.10		1.10	——	1.10	
台属经税（宁海东乡）	0.90			A　0.10		1.00	——	1.00	
台属轻税（黄岩花桥）	0.30			A　0.10		0.90	——	0.90	
温属鱼盐（玉环南麂北麂）	0.80					0.30	——	0.30	
温属鱼盐（南麂北麂——闽盐）		0.30				0.30	——	0.30	
台属鱼盐（海门玉泉象山）	0.30					0.30	——	0.30	
宁属鱼盐（定海沈家门岱山）	0.30					0.30	——	0.30	

（续表）

销地	正税		附加税			由何区征收		共计（元）	附注
	场税（元）	岸税（元）	外债（元）	中央（元）	地方（元）	两浙（元）	别区（元）		
宁属酱盐（定海岱山）	1.20		0.15	C 0.50 I 1.15 A 0.10	o 0.20 p 0.40 q 0.20	3.90	——	3.90	
宁属酱盐（余姚）	3.60		0.15	C 0.50 I 0.75 A 0.10	o 0.30 p 0.50 q 0.20	6.10	——	6.10	
温处属全区酱盐	2.15		0.15	C 0.50 I 0.80 A 0.10	o 0.15 p 0.25 q 0.10	4.20	——	4.20	
台属全区酱盐	1.20			C 0.50 I 1.60 A 0.10	o 0.20 p 0.40 q 0.20	4.20	——	4.20	
淡竹盐（宁波上海）	1.75		0.15	C 0.50 I 0.50 A 0.10	o 0.30 p 0.50 q 0.20	4.00	——	4.00	
工业用盐（上海）	0.03					0.03	——	0.03	
卤块（诸暨义乌浦江金华等属）	0.16					0.16	——	0.16	

（续表）

销地	正税		附加税			由何区征收		共计(元)	附注
	场税(元)	岸税(元)	外债(元)	中央(元)	地方(元)	两浙(元)	别区(元)		
鹾饼（温处各属）	0.18					0.18	——	0.18	
鹾饼（温属台属及旧金华衢州严州徽州广信各属）	0.18					0.18	——	0.18	
苦卤（两浙全区）	0.03					0.03	——	0.03	

说明　（一）中央附税栏　A　整理费　C　军用加价　I　善后军费
（二）地方附税栏　o　善后公债加价　p　整理公债加价　q　续发公债加价　w　口捐

9. 鄂岸（民国二十五年七月）

销地	正税		附加税			由何区征收		共计(元)	附注
	场税(元)	岸税(元)	外债(元)	中央(元)	地方(元)	鄂岸(元)	别区(元)		
鄂东腹岸（武昌等二十五县——淮盐）	（3.00）	1.50	0.30	B 5.50 H 0.10		7.40	（3.00）	10.40	场税在淮征收 内荆门钟祥潜江三县系鄂东西并销区域
鄂东边岸（黄梅——淮盐）	（3.00）	1.50	0.30	B 4.20 H 0.10		6.10	（3.00）	9.10	场税在淮征收

（续表）

销地	正税		附加税			由何区征收		共计（元）	附注
	场税（元）	岸税（元）	外债（元）	中央（元）	地方（元）	鄂岸（元）	别区（元）		
鄂东边岸（应山等五县——淮盐）	（3.00）	1.50	0.30	B 4.30 H 0.10		6.20	（3.00）	9.20	场税在淮征收
鄂东边岸（英山——淮盐）								7.40	英山现行税率系以皖北现行税率及罗田现行税率四三搭配征收以四票六元一角三票九元二角计算平均每一市担税率为七元四角三分并奉部准核改为七元四角以免畸零
鄂东边岸（随县襄阳枣阳宜城——淮盐）	（3.00）	1.50	0.30	B 3.80 H 0.10		5.70	（3.00）	8.70	场税在淮征收 襄阳枣阳宜城三县为鄂东西并销区域
鄂东边岸（郧阳等七县——淮盐）	（3.00）	1.50	0.30	B 3.80 H 0.10		5.70	（3.00）	8.70	场税在淮征收 郧阳分岸原为鄂东西并销区域现只销鄂东票盐又房县竹谿之间尚有竹山一县似应列入郧阳分岸内
鄂西（宜昌等十五县——淮盐）	（3.50）		0.30	B 6.50 H 0.10		6.90	（3.50）	10.40	场税在淮征收 内荆门钟祥潜江等三县系鄂东西并销区域又郧阳分岸各县现只销鄂东票盐

（续表）

销地	正税		附加税			由何区征收		共计（元）	附注
	场税（元）	岸税（元）	外债（元）	中央（元）	地方（元）	鄂岸（元）	别区（元）		
鄂西（宜昌等十五县——川盐）	（1.00）	2.50	0.30	B 6.50 H 0.10		9.40	（1.00）	10.40	场税在川征收 尚有郧阳分岸各县现只销鄂东票盐
鄂西（宜昌等十五县——山东青盐）	（3.50）		0.30	B 6.50 H 0.10		6.90	（3.50）	10.40	场税在青岛征收 尚有郧阳分岸各县现只销鄂东票盐
鄂西（襄阳枣阳宜城——淮盐）	（3.50）		0.30	B 4.80 H 0.10		5.20	（3.50）	8.70	场税在淮征收 襄阳等三县为鄂东西并销区域
鄂西（襄阳枣阳宜城——川盐）	（1.00）	2.50	0.30	B 4.80 H 0.10		7.70	（1.00）	8.70	场税在川征收
鄂西（襄阳枣阳宜城——山东青盐）	（3.50）		0.30	B 4.80 H 0.10		5.20	（3.50）	8.70	场税在青岛征收
巴东等四县（巫盐及云盐）	（1.40）	1.00	（0.30）	B 1.50 H 0.10		2.60	（1.70）	4.30	场税及外债在川征收
说明　中央附税栏　B　附加　H　筹备费									

10. 湘岸(淮盐)(民国二十五年七月)

销地	正税		附加税			由何区征收		共计(元)	附注
	场税(元)	岸税(元)	外债(元)	中央(元)	地方(元)	湘岸(元)	别区(元)		
长沙湘阴宁乡常德桃源汉寿益阳	(3.00)	1.50	0.30	B 0.24 H 0.10	r 4.71 s 0.24 t 0.31	7.40	(3.00)	10.40	场税在淮征收
湘潭湘乡	(3.00)	1.50	0.30	B 0.27 H 0.10	r 4.76 s 0.24 t 0.23	7.40	(3.00)	10.40	场税在淮征收
南县	(3.00)	1.50	0.30	B 0.83 H 0.10	r 4.43 s 0.24	7.40	(3.00)	10.40	场税在淮征收
沅江	(3.00)	1.50	0.30	B 0.74 H 0.10	r 4.21 s 0.24 t 0.31	7.40	(3.00)	10.40	场税在淮征收
醴陵	(3.00)	1.50	0.30	B 0.74 H 0.10	r 4.37 s 0.24 t 0.15	7.40	(3.00)	10.40	场税在淮征收
新化	(3.00)	1.50	0.30	B 1.03 H 0.10	r 4.08 s 0.24 t 0.15	7.40	(3.00)	10.40	场税在淮征收

（续表）

销地	正税		附加税			由何区征收		共计（元）	附注
	场税（元）	岸税（元）	外债（元）	中央（元）	地方（元）	湘岸（元）	别区（元）		
岳阳平江衡山	（3.00）	1.50	0.30	B 1.24 H 0.10	r 3.87 s 0.24 t 0.15	7.40	（3.00）	10.40	场税在淮征收
临湘华容攸县	（3.00）	1.50	0.30	B 1.24 H 0.10	r 4.11 t 0.15	7.40	（3.00）	10.40	场税在淮征收
溆浦沅陵辰谿泸溪古丈	（3.00）	1.50	0.30	B 1.24 H 0.10	r 3.11 t 0.15	6.40	（3.00）	9.40	场税在淮征收
澧州石门慈利大庸安乡临澧	（3.00）	1.50	0.30	B 1.58 H 0.10	r 3.92	7.40	（3.00）	10.40	场税在淮征收
衡　阳	（3.00）	1.50	0.30	B 1.55 H 0.10	r 2.15	5.60	（3.00）	8.60	场税在淮征收
宝庆武冈	（3.00）	1.50	0.30	B 1.50 H 0.10	r 2.00 t 0.20	5.60	（3.00）	8.60	场税在淮征收
乾城麻阳永绥保靖永顺龙山凤凰桑植	（3.00）	1.50	0.30	B 1.50 H 0.10	r 2.20	5.60	（3.00）	8.60	场税在淮征收
芷江晃县会同黔阳	（3.00）	1.50	0.30	B 1.50 H 0.10	r 0.80	4.20	（3.00）	7.20	场税在淮征收
靖县绥宁通道	（3.00）	1.50	0.30	B 1.10 H 0.10	——	3.00	（3.00）	6.00	场税在淮征收

（续表）

销地	正税		附加税			由何区征收		共计（元）	附注
	场税（元）	岸税（元）	外债（元）	中央（元）	地方（元）	湘岸（元）	别区（元）		
祁阳耒阳常宁安仁	（3.00）	1.50	0.30	B 1.00 H 0.10	r 1.30	4.20	（3.00）	7.20	场税在淮征收
零陵新宁城步东安	（3.00）	1.50	0.30	B 0.50 H 0.10	r 0.60	3.00	（3.00）	6.00	场税在淮征收
茶陵	（3.00）	1.50	0.30	B 1.00 H 0.10	r 2.70	5.60	（3.00）	8.60	场税在淮征收
新田宁远江华永明道县	（3.00）	2.00			——	2.00	（3.00）	5.00	场税在淮征收

说明 （一）中央附税栏 B 附加 H 筹备费
（二）地方附税栏 r 附加 s 赈捐 t 平浏路捐

11. 湘岸（粤盐）（民国二十五年七月）

销地	正税		附加税			由何区征收		共计（元）	附注
	场税（元）	岸税（元）	外债（元）	中央（元）	地方（元）	湘岸（元）	别区（元）		
衡阳衡山宝庆武冈常宁耒阳（水运及旱运）	（2.20）	4.00	（0.30）			4.00	（2.50）	6.50	场税及外债由粤征收岸税栏内系统税一元三角及补征统税二元七角又统税一元三角系由粤代征

（续表）

销地	正税		附加税			由何区征收		共计（元）	附注
	场税（元）	岸税（元）	外债（元）	中央（元）	地方（元）	湘岸（元）	别区（元）		
城步新宁东安祁阳安仁宁远零陵道县新田江华永明（水运及旱运）	（2.20）	1.30	（0.30）			1.30	2.50	3.80	场税及外债由粤代征统税一元三角系由粤代征
酃县桂东资兴永兴桂阳郴县汝城宜章临武嘉禾蓝山	（2.20）	1.30	（0.30）			1.30	（2.50）	3.80	场税及外债由粤代征统税一元三角系由粤代征
（以上所列系由广东入湘粤盐税率）									
宝庆武冈（水运）	（2.20）	5.70	（0.30）			5.70	（2.50）	8.20	场税及外债由粤征收岸税栏内包括水运加税一元五角在内
宝庆武冈（旱运）	（2.20）	2.50	（0.30）			2.50	（2.50）	5.00	场税及外债由粤征收
新宁（水运）	（2.20）	5.30	（0.30）			5.30	（2.50）	7.80	场税及外债由粤征收岸税栏内包括水运加税一元五角在内
新宁（旱运）	（2.20）	2.60	（0.30）			2.60	（2.50）	5.10	场税及外债由粤征收
城步（水运）	（2.20）	2.90	（0.30）			2.90	（2.50）	5.40	场税及外债由粤征收岸税栏内包括水运加税一元五角在内
城步（旱运）	（2.20）	1.30	（0.30）			1.30	（2.50）	3.80	场税及外债由粤征收
零陵东安宁远道县江华永明（水运）	（2.20）	3.80	（0.30）			3.80	（2.50）	6.30	场税及外债由粤征收岸税栏内包括水运加税一元在内

（续表）

销地	正税		附加税			由何区征收		共计（元）	附注
	场税（元）	岸税（元）	外债（元）	中央（元）	地方（元）	湘岸（元）	别区（元）		
零陵东安宁远道县江华永明（旱运）	（2.20）	1.20	（0.30）			1.20	（2.50）	3.70	场税及外债由粤征收
（以上所列系由广西入湘粤盐税率）									

12. 湘岸（川盐）（民国二十五年七月）

销地	正税		附加税			由何区征收		共计（元）	附注
	场税（元）	岸税（元）	外债（元）	中央（元）	地方（元）	湘岸（元）	别区（元）		
澧州石门慈利大庸安乡临澧（富荣济楚花盐水运）	（1.00）	（2.50） 0.65	（0.30）	B （6.50） H （0.10） B 0.90	u 0.10 v 1.50 t 0.20	3.35	（10.40）	13.75	场税一元在川征收岸税二元五角外债三角中央附税六元六角共九元四角在鄂征收岸税六角五分中央附税九角地方附税一元八角共三元三角五分在湘征收川盐运湘秤卸后由湘处给单证明商人可向鄂处收回在湘处征收之三元三角五分故实征之税共计仍系十元四角至旱运川盐在湘征税二元八角均系零星肩挑为数甚少

（续表）

销地	正税		附加税			由何区征收		共计（元）	附注
	场税（元）	岸税（元）	外债（元）	中央（元）	地方（元）	湘岸（元）	别区（元）		
龙山保靖永顺乾城麻阳永绥凤凰（富荣巴盐水运及旱运）	（2.50）	0.50	（0.30）	B 0.40	u 0.10 v 1.00 t 0.40 w 0.50	2.90	（2.80）	5.70	龙山等县所销川盐系富荣巴盐由四川酉阳秀山入境

说明 （一）中央附税栏 B 附加 H 筹备费
（二）地方附税栏 u 路股 v 剿匪军费 t 平浏路捐 w 口捐

13. 皖岸（民国二十五年七月）

销地	正税		附加税			由何区征收		共计（元）	附注
	场税（元）	岸税（元）	外债（元）	中央（元）	地方（元）	皖岸（元）	别区（元）		
和县石棣太平旌德当涂太湖	（3.00）	1.50	0.30	F 1.50 H 0.10	x 1.00 j 0.40 k 0.30	5.10	3.00	8.10	场税在扬征收
芜湖等二十一县	（3.00）	1.50	0.30	F 1.50 H 0.10	x 2.00 j 0.40 k 0.30	6.10	（3.00）	9.10	场税在扬征收

（续表）

销地	正税		附加税			由何区征收		共计（元）	附注
	场税（元）	岸税（元）	外债（元）	中央（元）	地方（元）	皖岸（元）	别区（元）		
潜山舒城合肥等三县	（3.00）	1.50	0.30	F 1.50 H 0.10	x 1.00 j 0.40 k 0.30	5.10	（3.00）	8.10	场税在扬征收
滁县来安全椒及嘉山（从滁县来安两县所划部份）	（3.00）	0.75	0.30	F 1.75 H 0.10	j 0.40 k 0.30	3.60	（3.00）	3.60	场税在扬征收又滁来全岸税及外债系由滁来全秤放处代扬州分所征收
嘉山（从盱眙定远两县所划部份）	（3.00）	（0.70）	（0.30）	F （1.00） G （1.00） E （0.10）		——	（6.10）	6.10	正附各税均在淮北征收

说明 （一）中央附税栏 F 军费 G 蚌埠销税 H 筹备费 E 建坨费
（二）地方附税栏 x 皖省附税 j 皖省加价 k 苏省贴边费

14. 西岸（民国二十五年七月）

销地	正税		附加税			由何区征收		共计（元）	附注
	场税（元）	岸税（元）	外债（元）	中央（元）	地方（元）	西岸（元）	别区（元）		
江西南昌等四十七县（淮盐）	（3.00）	1.50	0.30	F 0.50 H 0.10	y 3.75 z 1.25	7.40	（3.00）	10.40	场税在淮征收

（续表）

销地	正税		附加税			由何区征收		共计（元）	附注
	场税（元）	岸税（元）	外债（元）	中央（元）	地方（元）	西岸（元）	别区（元）		
莲花宁冈遂川永新万安	（3.00）	1.50	0.30	F 0.50 H 0.10	y 1.95 z 1.25	5.60	（3.00）	8.60	场税在淮征收
建昌专岸南丰等五县（淮盐）	（3.00）	1.50	0.30	F 0.50 H 0.10	y 3.75 z 1.25	7.40	（3.00）	10.40	场税在淮征收 地方附税三元七角五分内有补助运商费七角五分查该项补助费自二十三年一月改衡后改为一元二角五分同年六月八日复改为七角五分故该岸税率实为九元六角五分
建昌专岸南丰等五县（闽盐）	（2.00）		（0.30）	（4.10）	w 2.00	2.00	（6.40）	8.40	除口捐二元在赣征收外余在闽征收详见福建表
赣东玉山等七县（浙盐）	（3.20）		（0.30）	（2.60）	（1.00） w 2.10	2.10	（7.10）	9.20	除口捐二元一角在赣征收外余在浙征收详见两浙表
赣南上犹等五县（粤雄盐）	（2.20）		（0.30）		w 1.40	1.40	（2.50）	3.90	除口捐一元四角在赣征收外余在粤征收详见广东表
赣南石城等八县（粤潮盐）	（2.20）		（0.30）		w 1.40	1.40	（2.50）	3.90	除口捐一元四角在赣征收外余在粤征收详见广东表
赣南信丰四县（粤惠盐）	（1.80）		（0.15）		（0.30） w 1.40	1.40	（2.25）	3.65	除口捐一元四角在赣征收外余在粤征收详见广东表

说明　（一）中央附税栏　F　军费　H　筹备费
　　　（二）地方附税栏　y　教育基金及拨还金融库款基金　z　公路附捐　w　口捐

15. 河南(民国二十五年七月)

销地	正税		附加税			由何区征收		共计(元)	附注
	场税(元)	岸税(元)	外债(元)	中央(元)	地方(元)	河南(元)	别区(元)		
安阳等五十三县(芦盐)	(3.00)	3.50	(0.30)		b (0.50) e (0.70) f (0.033)	3.50	(4.533)	8.033	除岸税在豫征收外余在芦征收
汝光十五县(芦盐)	(3.00)	3.50	(0.30)		b (0.50) e (0.70) f (0.033)	3.50	(4.533)	8.033	除岸税在豫征收外余在芦征收
汝光十五县(淮盐——由陇海平汉两路车运)	(3.00)	3.00	(0.30)	F (1.70) E (0.10)		3.70	(4.40)	8.10	除岸税在豫征收外余在淮征收
汝光十五县(淮盐——三河尖船运)	(3.70)	1.50	(0.30)	F (1.00) G (1.00) E (0.10)		1.50	(6.10)	7.60	除岸税在豫征收外余在淮征收
汝光十五县(淮盐——三河尖肩挑)	(3.70)	1.07	(0.30)	F (1.00) G (1.00) E (0.10)		1.07	(6.10)	7.17	除岸税在豫征收外余在淮征收每挑七十斤到豫后征岸税七角五分如以担计每担应征一元零七分
巩孟等八县(芦盐)	(3.00)	3.50	(0.30)		b (0.50) e (0.70) f (0.033)	3.50	(4.533)	8.033	除岸税在豫征收外余在芦征收

（续表）

销地	正税		附加税			由何区征收		共计（元）	附注
	场税（元）	岸税（元）	外债（元）	中央（元）	地方（元）	河南（元）	别区（元）		
巩孟等八县（潞盐）	（2.50）	3.00	（0.30）	B 0.50		3.50	（2.80）	6.30	除岸税及中央附税在豫征收外余在河东征收
陕县等二十五县（潞盐）	（2.50）	3.00	（0.30）	B 0.50		3.50	（2.80）	6.30	除岸税及中央附税在豫征收外余在河东征收
归德等十县（东盐）	（2.00）	1.50	（0.30）	C （1.00） E （0.20）		1.50	（3.50）	5.00	除岸税在豫征收外余在山东征收
说明 （一）中央附税栏 B 附加 C 财部附税 E 建坨费 F 军费 G 蚌埠销税 （二）地方附税栏 b 产地捐 e 军事特捐 f 缉私捐									

16. 福建（民国二十五年七月）

销地	正税		附加税			由何区征收		共计（元）	附注
	场税（元）	岸税（元）	外债（元）	中央（元）	地方（元）	福建（元）	别区（元）		
延建邵属南屏等十八县	2.00		0.30	B 4.00 E 0.10		6.40	——	6.40	行销江西建昌五县闽盐到岸后由赣征收口捐二元连在闽征收之正附税六元四角共八元四角

（续表）

销地	正税		附加税			由何区征收		共计（元）	附注
	场税（元）	岸税（元）	外债（元）	中央（元）	地方（元）	福建（元）	别区（元）		
福州属闽侯等六县	2.00		0.30	B 4.00 E 0.10		6.40	——	6.40	
福州属福清平潭二县	2.00		0.30	B 1.50 E 0.10		3.90	——	3.90	
福宁属福安等四县	2.00		0.30	B 4.00 E 0.10		6.40	——	6.40	
福宁属福鼎一县	2.00		0.30	B 0.50 E 0.10		2.90	——	2.90	
石码属华安等十县	2.00		0.30	B 1.95 E 0.10		4.35	——	4.35	
石码属轻税	2.00		0.30	B 0.50 E 0.10		2.90	——	2.90	尚有汀州属本系厘盐区现改为轻税食盐区暂归石码管辖
漳州属漳浦云霄诏安三县	2.00		0.30	E 0.10		2.40	——	2.40	
厦门属思明等三县 泉州属晋江等七县 莆仙属莆田仙游二县	2.00		0.30	B 0.50 E 0.10		2.90	——	2.90	
鱼盐	0.55			B 0.50		1.05	——	1.05	

（续表）

销地	正税		附加税			由何区征收		共计（元）	附注
	场税（元）	岸税（元）	外债（元）	中央（元）	地方（元）	福建（元）	别区（元）		
浙江楚门坎门	1.00	(1.30)		A 0.10		1.00	(1.40)	2.40	除场税在闽征收外余在浙征收
广东省河（省配）	0.20	(2.20)	(0.30)			0.20	(2.50)	2.70	除场税在闽征收外余在粤征收
广东潮桥桥上（坐配）	0.40	(2.20)	(0.30)		a_a(0.15)	0.40	(2.65)	3.05	除场税在闽征收外余在粤征收
盐卤	1.00					1.00	——	1.00	
说明（一）中央附税栏 B 附加 E 建坨费 A 整理费 （二）地方附税栏 a_a 剿匪附加									

17. 广东（民国二十五年七月）

销地	正税		附加税			由何区征收		共计（元）	附注
	场税（元）	岸税（元）	外债（元）	中央（元）	地方（元）	广东（元）	别区（元）		
省河（中柜北柜西柜）（场盐——省配）	2.20		0.30			2.50	——	2.50	
省河（借运闽盐——省配）	(0.10)	2.20	0.30			2.50	(0.10)	2.60	场税在闽征收

（续表）

销地	正税		附加税			由何区征收		共计（元）	附注
	场税（元）	岸税（元）	外债（元）	中央（元）	地方（元）	广东（元）	别区（元）		
潮桥桥上（场盐——坐配）	2.20		0.30		a_a 0.15	2.65	——	2.65	
潮桥桥上（借用闽盐——坐配）	（0.40）	1.80	0.30		a_a 0.15	2.15	（0.40）	2.65	场税在闽征收
潮桥桥下（坐配）	2.20		0.30		a_a 0.15	2.65	——	2.65	
惠来特别区（坐配）	2.20					2.20	——	2.20	
海南（坐配）	1.50				a_b 0.30	1.80	——	1.80	
东柜（东江——附场）	1.60		0.10		a_b 0.20	1.90	——	1.90	
东柜（东江——坐配）	1.80		0.15		a_b 0.30	2.25	——	2.25	
东柜（海陆丰——附场）	1.60		0.10		a_b 0.20	1.90	——	1.90	
东柜（海陆丰——坐配）	1.80		0.15		a_b 0.30	2.25	——	2.25	
南柜（梅绿安铺） 平柜（党屋马屋长墩公馆） 中柜（恩春）（坐配）	1.50		0.15		a_b 0.30	1.95	——	1.95	

（续表）

销地	正税		附加税			由何区征收		共计（元）	附注
	场税（元）	岸税（元）	外债（元）	中央（元）	地方（元）	广东（元）	别区（元）		
南柜（梅绿安铺） 平柜（党屋马屋长墩公馆）（附场） 中柜（恩春）	1.00		0.10		a_b 0.20	1.30	——	1.30	
宝安（附场）	1.00		0.10		a_b 0.20	1.30	——	1.30	
宝安（坐配）	1.50		0.15		a_b 0.30	1.95	——	1.95	
广西边区（省配）	2.20		0.30		a_c 1.00 a_d 0.40	3.90	——	3.90	地方附税在广西征收
广西边区（坐配）	1.50		0.15		a_b 0.30 a_c 1.00 a_d 0.40	3.35		3.35	地方附税除购舰附捐三角在粤征收外其余在广西征收
广西内地（省配）	2.20	2.00	0.30		a_c 1.00 a_d 0.40	5.90		5.90	岸税及地方附税在广西征收
福建西部（坐配）	（0.40）	（0.333） 1.00	0.30		（0.6926） a_a 0.15	2.25	（1.4256）	3.6756	场税四角在闽诏浦征收坐配税一元八角剿匪附加一角五分外债三角在汕头征收余在峰市收

（续表）

销地	正税		附加税			由何区征收		共计（元）	附注
	场税（元）	岸税（元）	外债（元）	中央（元）	地方（元）	广东（元）	别区（元）		
赣南上犹等五县（雄盐）	2.20		0.30		w （1.40）	2.50	（1.40）	3.90	口捐一元四角在赣征收
赣南石城等八县（潮盐）	2.20		0.30		w （1.40）	2.50	（1.40）	3.90	口捐一元四角在赣征收
赣南信丰等四县（惠盐）	1.80		0.15	a_b0.30 w （1.40）	2.25	（1.40）	3.65		口捐一元四角在赣征收
湘南（由广东入湘水旱运）	2.20	（1.30） （4.00）	0.30			2.50	（1.30） — （4.00）	3.80 — 6.50	详见湘岸粤盐表
湘南（由广西入湘水运）	2.20	（2.90） — （5.70）	0.30			2.50	（2.90） — （5.70）	5.40 — 8.20	详见湘岸粤盐表
湘南（由广西入湘旱运）	2.20	（1.20） — （2.60）	0.30			2.50	（1.20） — （2.60）	3.70 — 5.10	详见湘岸粤盐表
贵州区	2.20		0.30			2.50		2.50	在贵州征税若干未详
渔盐（党屋）	0.20					0.20		0.20	
渔盐（海陆丰）	0.345					0.345		0.345	
说明　地方附税栏　a_a　剿匪附加　a_b　购舰附加　a_c　津贴费　a_d　京耗局缉私费　w　口捐									

18. 云南(民国二十五年七月)

销地	正税		附加税			由何区征收		共计(元)	附注
	场税(元)	岸税(元)	外债(元)	中央(元)	地方(元)	云南(元)	别区(元)		
黑井区(阿陋井)	4.00		0.30		a_e 2.00 a_f 0.06 a_g 1.00	7.36	——	7.36	
黑井区(元永井)	3.50		0.30		a_e 2.00 a_f 0.06 a_g 0.20	6.06	——	6.06	
黑井区(黑井)	3.00		0.30		a_e 2.00 a_f 0.06 a_g 0.80	6.16	——	6.16	
黑井区(琅井)	3.00		0.30		a_e 2.00 a_f 0.06 a_g 0.60	5.96	——	5.96	
黑井区(汪家坪)	3.50		0.30		a_e 2.00 a_g 0.60	6.40	——	6.40	
白井区(白盐井)	3.50		0.30		a_e 2.00 a_g 0.60	6.40	——	6.40	

（续表）

销地	正税		附加税			由何区征收		共计（元）	附注
	场税（元）	岸税（元）	外债（元）	中央（元）	地方（元）	云南（元）	别区（元）		
白井区（乔后井）	3.50		0.30		a_e 2.00 a_g 0.60	6.40	——	6.40	
白井区（芒市近边）	1.00				a_e 2.00	3.00	——	3.00	
白井区（遮放极边）	0.10				a_e 2.00	2.10	——	2.10	
白井区（弥沙井）	3.50		0.30		a_e 2.00 a_g 0.60	6.40	——	6.40	
白井区（云龙井）	3.50		0.30		a_e 2.00 a_g 0.60	6.40	——	6.40	
白井区（南甸近边）	1.00				a_e 2.00	3.00	——	3.00	
白井区（陇川极边）	0.10				a_e 2.00	2.10	——	2.10	
白井区（喇鸡井）	3.50		0.30		a_e 2.00 a_g 0.60	6.40	——	6.40	
磨黑区（磨黑井）	3.50		0.30		a_e 2.00 a_g 0.60	6.40	——	6.40	

（续表）

销地	正税		附加税			由何区征收		共计（元）	附注
	场税（元）	岸税（元）	外债（元）	中央（元）	地方（元）	云南（元）	别区（元）		
磨黑区（石膏井）	3.50		0.30		a_e 2.00 a_g 0.60	6.40	——	6.40	
磨黑x（按板井）	3.50		0.30		a_e 2.00 a_g 0.60	6.40	——	6.40	
磨黑区（香盐井）	3.50		0.30		a_e 2.00 a_g 0.60	6.40	——	6.40	
磨黑区（益香井）	3.50		0.30		a_e 2.00 a_g 0.60	6.40	——	6.40	
磨黑区（凤岗井）	3.50		0.30		a_e 2.00 a_g 0.60	6.40	——	6.40	
磨墨区（猛野井）	3.50		0.30		a_e 2.00 a_g 0.60	6.40	——	6.40	

说明 （一）地方附税栏 a_e 军饷捐 a_f 人马脚捐 a_g 盐股捐
（二）滇盐税率以云南银币为本位

19. 四川(民国二十五年七月)

销地	正税		附加税			由何区征收		共计(元)	附注
	场税(元)	岸税(元)	外债(元)	中央(元)	地方(元)	四川(元)	别区(元)		
富荣济楚岸(鄂西——花盐)	1.00	(2.50)	(0.30)	(5.30) (6.60)		1.00	(8.10) (9.40)	9.10 10.40	除场税在川征收外余在鄂征收详见鄂岸表
富荣济楚岸(湘岸澧州六县——花盐水运)	1.00	*(2.50) ▲(0.65)	*(0.30)	*(6.60) ▲(0.90)	▲(1.80)	1.00	*(9.40) ▲(3.35)	13.75	除场税在川征收外*在鄂征收▲在湘征收详见鄂湘表
富荣渠河计岸(四川广安等七县——花盐)	2.50		0.30	1.70 0.10		4.60		4.60	
富荣泸南计岸(四川泸县等八县——花盐巴盐)	2.50		0.30	1.70 0.10		4.60		4.60	
富荣涪万计岸(四川涪陵等五县——花盐巴盐)	2.50		0.30	1.70 0.10		4.60		4.60	
富荣綦边计岸(四川綦江南川二县——巴盐)	2.50		0.30	1.70 0.10		4.60		4.60	
富荣綦边边岸(贵州贵阳等二十八县——巴盐)	2.50		0.30	1.70 0.10		4.60		4.60	
富荣涪边计岸(四川酉阳等四县——巴盐)	2.50		0.30	1.70 0.10		4.60		4.60	

（续表）

销地	正税		附加税			由何区征收		共计（元）	附注
	场税（元）	岸税（元）	外债（元）	中央（元）	地方（元）	四川（元）	别区（元）		
富荣涪边边岸（贵州镇远等二十二县——巴盐）	2.50		0.30	1.70 0.10		4.60		4.60	
富荣仁边边岸（贵州仁怀等十八县——巴盐）	2.50		0.30	1.70 0.10		4.60		4.60	
富荣陆运票岸（四川富顺等十二县——花盐巴盐）	2.90		0.30	0.30 0.10		3.60		3.60	
犍为纳万川计岸（四川纳溪等八县——巴盐）	2.10		0.30	1.10 0.10		3.60		3.60	
犍为纳万楚计岸（湖北利川等八县——巴盐）	2.10		0.30	1.10 0.10		3.60		3.60	
犍为滇边计岸（四川犍为等十四县——巴盐）	2.10		0.30	1.10 0.10		3.60		3.60	
犍为滇边边岸（云南东川等十二县——巴盐）	2.10		0.30	1.10 0.10		3.60		3.60	
犍为永边计岸（四川叙永等三县——巴盐）	2.10		0.30	1.10 0.10		3.60		3.60	

（续表）

销地	正税		附加税			由何区征收		共计（元）	附注
	场税（元）	岸税（元）	外债（元）	中央（元）	地方（元）	四川（元）	别区（元）		
犍为永边边岸（贵州毕节等二十二县——巴盐）	2.10		0.30	1.10 0.10		3.60		3.60	
犍为府河计岸（四川成都等十七县——巴盐）	2.10		0.30	1.10 0.10		3.60		3.60	此岸本为乐山场销岸每年借销犍盐以一千引为限
犍为南河计岸（四川崇庆等七县——巴盐）	2.10		0.30	1.10 0.10		3.60		3.60	此岸本为乐山场销岸每年借销犍盐以一千引为限
犍为雅河计岸（四川雅安等七县——巴盐）	2.10		0.30	1.10 0.10		3.60		3.60	此岸本为乐山场销岸每年借销犍盐以一千引为限
犍为陆运票岸（四川犍为——花盐巴盐）	2.20		0.30	0.10		2.60		2.60	
乐山府河计岸（四川成都等十七县——巴盐）	2.10		0.30	1.10 0.10		3.60		3.60	
乐山南河计岸（四川崇庆等七县——巴盐）	2.10		0.30	1.10 0.10		3.60	——	3.60	
乐山雅河计岸（四川雅安等七县——巴盐）	2.10		0.30	1.10 0.10		3.60	——	3.60	

（续表）

销地	正税		附加税			由何区征收		共计（元）	附注
	场税（元）	岸税（元）	外债（元）	中央（元）	地方（元）	四川（元）	别区（元）		
乐山陆运票岸（四川乐山等十县——花盐巴盐）	2.20		0.30	0.10		2.60	——	2.60	
乐山水运票岸（四川乐山等十县——巴盐）	2.20		0.30	0.10		2.60	——	2.60	
井仁陆运票岸（四川井研等四县——花盐巴盐）	1.70		0.30			2.00	——	2.00	
盐源陆运票岸（四川盐源等九县——巴盐）	1.70		0.30			2.00	——	2.00	
资中陆运票岸（四川资中等三县——花盐巴盐）	1.70		0.30			2.00	——	2.00	
邓关陆运票岸（四川富顺——巴盐）	1.70		0.30			2.00	——	2.00	
大足陆运票岸（四川大足铜梁二县——花盐）	1.70		0.30			2.00	——	2.00	
富荣卤块	0.80					0.80	——	0.80	
犍为乐山井仁资中大足卤块	0.60					0.60	——	0.60	

（续表）

销地	正税		附加税			由何区征收		共计（元）	附注
	场税（元）	岸税（元）	外债（元）	中央（元）	地方（元）	四川（元）	别区（元）		
云阳万楚楚计岸（湖北恩施等五县——花盐）	1.70		0.30			2.00	——	2.00	
云阳万楚川计岸（四川万县巫山县——花盐）	1.70		0.30			2.00	——	2.00	
云阳陆运票岸（四川云阳等三县——花盐）	1.70		0.30			2.00	——	2.00	
大宁巫楚楚计岸（湖北鹤峰等七县——花盐）	1.70		0.30			2.00	——	2.00	
大宁巫楚川计岸（四川巫山一县——花盐）	1.70		0.30			2.00	——	2.00	
大宁陆运票岸（湖北竹溪等三县及四川巫溪巫山二县——花盐）	1.70		0.30			2.00	——	2.00	
彭水陆运票岸（湖北来凤咸丰二县及四川彭水等四县——花盐）	1.70		0.30			2.00	——	2.00	

（续表）

销地	正税		附加税			由何区征收		共计（元）	附注
	场税（元）	岸税（元）	外债（元）	中央（元）	地方（元）	四川（元）	别区（元）		
开县陆运票岸（四川开县等七县——花盐）	1.70		0.30			2.00	——	2.00	
奉节陆运票岸（四川奉节——花盐）	1.70		0.30			2.00	——	2.00	
忠县陆运票岸（四川忠县——花盐）	1.70		0.30			2.00	——	2.00	

20. 川北（民国二十五年七月）

销地	正税		附加税			由何区征收		共计（元）	附注
	场税（元）	岸税（元）	外债（元）	中央（元）	地方（元）	川北（元）	别区（元）		
南阆——南部等十三县（水花及陆花）	1.70		0.30			2.00	——	2.00	
射蓬——射洪等九县（水花）	1.70		0.30			2.00	——	2.00	
射蓬——射洪等九县（陆花）	1.70		0.30			2.00	——	2.00	
射蓬——射洪等九县（水巴）	1.70		0.30			2.00	——	2.00	

（续表）

销地	正税		附加税			由何区征收		共计（元）	附注
	场税（元）	岸税（元）	外债（元）	中央（元）	地方（元）	川北（元）	别区（元）		
射蓬——射洪等九县（陆巴）	1.70		0.30			2.00	——	2.00	
射蓬——射洪等九县（引巴）	2.20		0.30			2.50	——	2.50	
射蓬——射洪等九县（引花）	2.20		0.30			2.50	——	2.50	
三台——三台等十县（水花）	1.70		0.30			2.00	——	2.00	
三台——三台等十县（水巴）	1.70		0.30			2.00	——	2.00	
三台——三台等十县（陆花）	1.70		0.30			2.00	——	2.00	
三台——三台等十县（陆巴）	1.70		0.30			2.00	——	2.00	
乐至——乐至等八县（陆巴）	1.70		0.30			2.00	——	2.00	
乐至——乐至等八县（水花）	1.70		0.30			2.00	——	2.00	
蓬中——蓬溪等八县（陆花）	1.70		0.30			2.00	——	2.00	
蓬中——蓬溪等八县（陆巴）	1.70		0.30			2.00	——	2.00	
绵阳——绵阳等十一县（巴花）	1.70		0.30			2.00	——	2.00	
绵阳——绵阳等十一县（陆巴）	1.70		0.30			2.00	——	2.00	
蓬遂——遂宁等六县（水花）	1.70		0.30			2.00	——	2.00	

（续表）

销地	正税		附加税			由何区征收		共计（元）	附注
	场税（元）	岸税（元）	外债（元）	中央（元）	地方（元）	川北（元）	别区（元）		
蓬遂——遂宁等六县（水巴）	1.70		0.30			2.00	——	2.00	
西盐——西充等十一县（水花）	1.70		0.30			2.00	——	2.00	
西盐——西充等十一县（水巴）	1.70		0.30			2.00	——	2.00	
南盐——盐亭等八县（陆花）	1.70		0.30			2.00	——	2.00	
南盐——盐亭等八县（陆巴）	1.70		0.30			2.00	——	2.00	
射洪——射洪等三县（水花）	1.70		0.30			2.00	——	2.00	
射洪——射洪等三县（陆花）	1.70		0.30			2.00	——	2.00	
射洪——射洪等三县（陆巴）	1.70		0.30			2.00	——	2.00	
射洪——射洪等三县（水巴）	1.70		0.30			2.00	——	2.00	
简阳——简阳等三县（水花）	1.70		0.30			2.00	——	2.00	
简阳——简阳等三县（陆花）	1.70		0.30			2.00	——	2.00	
简阳——简阳等三县（水巴）	1.70		0.30			2.00	——	2.00	
简阳——简阳等三县（陆巴）	1.70		0.30			2.00	——	2.00	
简阳——简阳等三县（引巴）	2.20		0.30			2.50	——	2.50	

（续表）

销地	正税		附加税			由何区征收		共计（元）	附注
	场税（元）	岸税（元）	外债（元）	中央（元）	地方（元）	川北（元）	别区（元）		
中江——中江等四县（水花）	1.70		0.30			2.00	——	2.00	
中江——中江等四县（陆巴）	1.70		0.30			2.00	——	2.00	

21. 陕西（民国二十五年七月）

销地	正税		附加税			由何区征收		共计（元）	附注
	场税（元）	岸税（元）	外债（元）	中央（元）	地方（元）	陕西（元）	别区（元）		
朝邑等三十六县（潞盐）	（2.50）	2.50	（0.30）			2.50	（2.80）	5.30	
肤施等三十五县（甘盐）		2.50				2.50		2.50	在甘征税若干未详
南郑安康等二十一县（甘盐）		2.50				2.50		2.50	在甘征税若干未详
富平等八县（卤泊滩及朝邑——晒盐）	0.40					0.40	——	0.40	
富平等八县（卤泊滩及朝邑——锅盐）	6.00					6.00	——	6.00	单锅每月征税六元
富平等八县（卤泊滩及朝邑——锅盐）	12.00					12.00	——	12.00	双锅每月征税十二元

附　录　二

民国盐务改革史略

左树珍

民二以前之盐务情况

民二以前，盐务情形，极不统一，省自为制，各不相同，系统紊乱，弊窦百出，而行盐引岸，由引商票商，专权运销。兹择其重要者，略述如下：

一、场产　民二以前，场产之盐，毫无管理。一任灶户晒户，自将所产之盐归堆或归坨，场官仅照例按期呈报产数，场私大批走漏，从未堵截防止。

二、放盐　民二以前，各处盐场，既乏保护，盐官多与运商勾结，向不认真掣放。故运商往往于税盐之外，任意多运。于是私盐之多，莫甚于商私，一发而不可收拾。

三、耗盐　耗盐本应有额定斤重，最初每百斤盐，止许加色索卤耗五斤，其运道远者，亦不过百分之十。迨后盐官遇事需索，盐商亦动辄要求加耗，盐官以加耗可收受贿赂，每以调剂为名，呈请政府加耗，由百分之五增至百分之十五或二十，甚至加至百分之三十。然盐商于加耗之外，仍夹运私盐，乘机诛求无厌，又呈请政府，以恤商裕课为词，并谓以其暗中夹带，不如明予加斤，于是每引有加至四五十斤，并有加至七十斤者。此项加斤，均系免税。故在民二以前，盐务腐败，已达极点，国计民生，两受其害，税收损失，自不待言。

四、税率　民二以前，税率紊乱，极不平均。此省与彼省互异，即一省之内，参差不齐，同一引课，有正课杂课之分，同一加价，复有旧案新案之别，课价之外，又有课厘杂捐等项名目。全国税目，多至七百余种。但就山东一省而论，销盐引岸，既有商办，又有官办。商办各区，税率为三十种或二十余种。官办各地，少者二十余种，多者达四十三种。而所征税款，大都奇零，至小数七位以上。所收钱币，更是复杂，有按银两征收，或按银元征收，或按制钱征收。所征税款，如欲切实稽核，颇感困难。且其最大缺点，各区运使，对于秤放盐斤，均为先放盐，后收税，以致欠税之事，时时发生，视为常事。

五、盐款　民二以前，盐款收支，既无考核，又不统一。各省税课，例归中央稽核，但出入款项，报部者仅止十之二三，均系内销之款，其外销之款，并不报部。故全国税收，从未统计。提用盐款，听凭各省随意挪移，而盐务机关，率皆任意滥支，从无一定标准。

就以上各点观之，当时盐务情形之腐化，已可想见。据民国纪元前一年，度支部报告，全国税收，估计约为四千六百三十一万二千两。但中央政府每年实收之数,迄未超过一千三百万两。(合二千万元)故盐务在民二以前,亦无盐制盐法之可言。

民二以后之兴革

民国二年一月,北京政府,为整顿盐务,改革盐政,集权中央起见,于是设立盐务稽核所。在中央设总所,在产区设分所,在销区设稽核处或收税局,为实行整顿盐务之嚆矢,盐务之改进,税收之增加,亦即从此始。迨国府统一以后,稽核职权,加以改革。税收激增,盐务日新,在盐政史上,实为一大改革。兹将民二以后之盐务,分为四个时期,分别述之:

一、开始整理时期(民国二年至六年)

二、整理时期(民国七年至十二年)

三、停顿时期(民国十三年至十七年)

四、恢复及整理进步时期(民国十八年至现在)

一、开始整理时期(民国二年至六年)

开始整理时期,亦可称为第一时期,约可分为创设及改组两时期。

当创设稽核所之时,北京政府颁布命令,"盐务收入各款,应自民国二年一月起,专款存储,无论何事,概不得挪移动用。"迨后财长周学熙,与五国银行团签订大借款合同,将稽核所职权,及整理盐税办法,订入合同第五款,载有"各产盐地方盐斤,纳税后,须有该处稽核分所华洋经协理会同签字,方准将盐放行。"又载"所有征收之款项,应存于银行,归入中国盐务收入帐内,帐内之款,非有稽核总所总会办会同签字之凭据,则不能提用。”此项合同,于民国二年四月二十六日签订后,所有以前先放盐后收税以及盐款毫无管理之重大错误,亦均借以改正。

至民国三年二月九日,北京财政部以部令公布修改盐务稽核所章程,同时并以命令将旧章取消。于是稽核所内部,开始改组,各区盐税,概归分所征收,规定整理办法,其重要者计分五点:

(一)先税后盐　所有各区场盐,均须先缴全税,方能放运。(凡盐于收税后,须有正式准单,始能秤放,故放运盐斤,必以分所准单为凭。)

(二)整齐税率　将从前各项课税名目,一律删除,改征统一税。

(三)划一斤重　将从前引斤废止,按担收税,不以引计。(每担司马秤一百斤,合英权一百四十磅。每十六担,合英权一吨。)

(四)废除耗斤　将从前所准之耗盐,概行停给,按照各省情况,于正盐外,另加皮重分量,以杜夹运私盐。

(五)认真掣放　凡已发给正式准单,所有放运盐斤,必须切实稽查,只照允准之数量放出。

综此数大端,均属重要之改革,弊源既绝,税收亦从此增进。此项整理办法,最先从长芦入手,其后遂推行全国。最可惜者,如整理场产运销缉私等与收税有密切连带关系之事务,因民二时划入行政部份,归盐务署运使运副或榷运局办理。稽核方面,虽屡次与行政机关,商酌整理方法,辄致停顿,无从进行。即或幸而赞成,然阳是赞同,阴图破坏者,亦往往有之。故仅就长芦一区建坨而论,几费磋商,始克成功。盐为利薮,即为弊窟,盐官积习相沿,深恐一旦铲除,于己不利,故随时随地,无不设法阻挠也。

二、整理时期(民国七年至十二年)

整理时期,亦可称为第二时期。盖民七以后,稽核组织,既日益完备,对于征收税款及秤放盐斤,已加切实整顿,乃致力于场产之管理及运制之改良。就运制言,淮北自民三议定取消票权,开放引地,当时不肖官吏,即乘开放之机会,订立种种限制章程,从中取利。旋由稽核总所质问盐署,方将各种章程取消,而开放自由,遂亦因而延搁。至十年二月,始将票权明令废止,实行自由贸易,此其一。福建自民元采用官卖制度,官运官销,办理既未尽善,税收亦属无几,所设分销地点,达四百六十四处,售价过昂,人民嗟怨,时有捣毁盐局之事发生。于是不得不废止官卖,于七年八月十月将闽北闽侯等三十一县各地,先后开放,改行自由贸易,八年十月及十一年一月,又将闽南莆田等二十四县,暨诏浦云霄两属,陆续开放,由是福建全属,均为自由贸易区域,此其二。陕甘自民四将全属运销蒙青及甘盐之权,包与陇东陇西陕西三公司承办,垄断把持,弊端百出。榷运局长,且为公司之背景,捏名商包,实归局卖。于七年十一月,将公司取消,改为自由贸易,此其三。云南腾龙边岸,自前清末叶,办理官运。民国初年,仍旧未改,弊习相沿,多借官运为名,以图中饱。于七年一月,将官运取消,此其四。就场产而论,长芦自民六盐坨竣工,每届冬至,场盐扫数归坨，管理虽属得宜，但民八滩产，达一千零八十余万担之多，供过于求，未免漏私。于九年二月实行限制产额，此其五。四川自民六议定整理场产，本拟建筑官仓，先从富荣南场着手，迄未实行。于九年十二月，西场贡井官仓成立，将行引巴盐，一律运仓储存，此其六。此六端者，不过略举其大者而已，诸如此类之重要改革，各区均有，皆系稽核总所，本原定之计划，锐意革新，实以运务场务，与征收盐税，息息相关，不得不设法整理。如果进行顺利，则在民国八、九年间，整顿盐务，当有根本改革之可能。惟因场务运务，为稽核所权力所不及，所以改革虽有计划，贯澈终难实现。

三、停顿时期（民国十三年至十七年）

停顿时期，亦即第三时期。盖自稽核所成立以来，其行使职权最感困难之处，实为地方秩序之不安定，与地方军事当轴之截留盐余。在民国五、六年间，已有此种情况。如湘川桂滇各省，皆因政治上有特殊情形，遂致及于盐务。税收机关之完整系统，几被破坏，然幸在职人员，犹能兼筹并顾，勉力维护，于无法之中，求一委曲调停之方，稽核职权，终未停顿。迨及十二年以后，福建两浙盐税，横被军人干涉，而民国十三年八月，苏省督军，乃令两淮运使，监收盐税，旋又改派守备司令监收，直至十五年一月，扬州分所收税职权，方始恢复。盖当时地方军事长官，干涉盐务，实官制不能统一，有以致之。迨国民政府统一全国，其时财政部援照广东成案，于部内设立盐务处，统一盐务机关组织，稽核职权，因之停顿。惟因办理未臻完美，税收日绌，私销日盛。于是拟另设盐务监理局，以代稽核职权，虽未实施，然稽核制度之恢复，实萌芽于此。

四、恢复及整理进步时期（民国十八年至现今）

恢复及整理进步时期，亦即第四时期。溯自民国十八年至现今，又可分为两大时期，以十八年为实行恢复时期，十九年至现今为实行整理，且较前大为进步之时期。

（一）恢复时期　自民国十六年十月，财政部长孙科，于莅任之初，以盐务亟应整理，因仿民初官制，裁撤盐务处，改设盐务署。并主张恢复稽核所，提出国民政府，议决照办。于是另订总分所章程，在上海设立总所，在各省设立分支所，是为稽核所恢复所由起。至十七年一月，宋部长子文，重长财政，以从前稽核机关以往成绩，收效甚著，重行规复稽核所，起用原有人员，同时令准原有稽核机关加以改组，恢复其职权，并于盐务署内，设立稽核处，管理各分所事宜。当此之时，征收盐税，仍归运使运副暨榷运局等机关办理。稽核机关，仅只填发准单，秤放盐斤，及编造税款暨盐斤帐目等事。及至十八年一月，颁布新订之总分所章程，于是开始筹备恢复，令北平稽核总所南迁改组，直隶财政部，其盐务署所设之稽核处，亦于是月裁撤，四月始行核定收回收税职权办法。其时宋部长决定整理盐税，于是年七月，调派会计司长朱庭祺，为盐务稽核总所总办。并由财部令饬各运使运副各榷运局长，将收税职权，限于八月一日移交各该区稽核机关接收。如长芦、扬州、松江各分所，及宜昌稽核处，均于八月前后，恢复原有职权。两浙分所及鄂湘皖三岸稽核处收税事宜，概于八月一日接管，西岸稽核处收税事宜，于十九年七八月间先后接管，至若广东福建两区分所，亦于十八、九年，规复收税职权。惟辽宁、山东、河东、淮北、川南、川北、云南各分所，及口北、晋北两收税局，从未停顿，稽核职权，花定收税，业经停办，尚未复设者，不在此例。故民国十八年间，在八月以前，为筹备恢复时期，在八月以后，为实行恢复时期。

（二）整理期间　自十八年七月，各区盐务稽核机关，业经陆续恢复。于是将内部大加整顿，以稽核制度，既已变更，乃照财部所颁新章，重行组织，并取旧制之所长，去旧制之所短。虽就旧有机关，重行改组，实无异创办。而凡经停止职权各区，及已裁撤各区，中间既经停顿，复遭破坏，情形复杂，于恢复之后，重加整顿，比较创办尤为困难。然对于改革事宜，无不积极筹划，努力推行。是年八月整理税收甫经着手，除广东外，截至十八年底仅五月之短时期，全国盐税，共收四千八百六十余万元，其成绩殊属可观。

改章以还，制度虽变，然自民十六年设立盐务署，仍系依照民初办法，将政务税务划分为两大部分，同属财政部，同办盐务，统系不分明，责成即不能专。及至民国十九年，财政部长宋子文，以下关掣验局，原隶盐务署，专司查验十二圩船运四岸及江宁食岸盐斤，积弊太深，亟应整顿。于是年四月，令饬改归稽核总所管辖，是为行政机关改隶稽核之始。当由总所选派干员，接收整顿，积弊为之一清。至二十年一月，又以各区缉私机关吃空吞旷，弊病甚多，先饬将缉私处经理独立，改在稽核总所设立经理科，以资整理。迨四月间，复以部令饬将淮浙苏鲁闽豫及扬子四岸等十一区缉私机关，改隶稽核机关，当经分别由各该区稽核机关接收，澈底改编为税警，汰弱留强，严加训练，实行军需独立，点名发饷，税警声誉，较昔大不相同。至二十一年，又以国库支绌，盐务行政机关事简人多，迹近骈枝，乃呈准行政院，令将淮浙苏鲁闽豫及扬子四岸等十区运使运副榷运局等机关，均由稽核人员兼任，其所属分支机关，一律裁撤，概由稽核人员兼办，是年节省经费，在二百十五万元以上。至是事权统一，系统一致，自后不仅办事效率激增，且历来积弊，亦一扫而清，在中国盐政史上，不能不认为一大改革。其后财政部长孔祥熙仍以稽核兼办行政以来，效率卓著，税收增加。乃于二十二年十一月令饬将长芦盐运使及缉私机关，改归长芦稽核分所兼办。二十四年一月，陕西盐务，亦令由稽核所派员办理。本年（二十四年）四月，令饬将四川行政缉私等机关，一律改归稽核机关接办，澈底整顿，至今全国盐务机关，除云南两广山西外，事实上均已统一，而税收数目，逐年递增，要皆由于事权统一，有以致之。兹将整理中重要事件，略述于下：

甲、整理场产　场产盐斤存放上之管理，为整顿税收基要工作，故整理场务必先建筑仓坨，将盐斤集中存储，以便管理。从前由稽核总所提议，将长芦一区建设大规模之盐坨，以为各区之模范。嗣于川南富荣东场，建设官仓，商民至今称便。民国十八年二月，稽核总所为整理场产计，仿照长芦建坨办法，决定先从淮北一区着手。现在淮北盐坨，已告完成。而山东等区，相继建坨，扬子四岸，皆建盐仓。两浙松江福建广东等区，亦仿淮北成例，正筹备建坨。但长芦在民国四、五年间，缉私营队，腐化已极，场私走漏,无从查禁。盖由于场产未能切实管理,纵有良好盐坨,以缉私为稽核职权所不及,走私情弊,仍难杜绝。自二十一年秋稽核兼办行政以后,建筑盐坨与整理缉私,同时并举,事半功倍,收效颇大。故就淮北而论,私盐较他区为少,而官销畅旺,税收激增,如二十二年税收,已达二千一百三十六万六千余元。皆由于场产管理得法,私盐来源断绝,将来各区盐坨,陆续告竣,其成效自不待言。

乙、整理运销　产出于场,销归于岸。盐之产销,以运输为枢纽,盐有产必有销,商贩运盐销售,须于未起运以前,缴纳税款,并准用期票缴纳。故运销者榷税所从出,销盐愈多,税收愈旺,此一定不易之理也。我国行盐,自受引制束缚以来,运盐销盐,均不能自由,实于整顿盐务,大有妨碍。稽核所自成立后,首先主张改良运制,废除专商,任人民自由贩卖,以达平等目的。计自民国三年至民国八、九年,引岸已开放者,有淮北、四川、两广、闽、晋各区,长芦亦有一部分(河南销岸,如巩、孟、汝、光各区)。当时成效,颇有可观,惜以政局不定,战事频仍,多有复行改制者。而川、闽两区,破坏尤甚。至改良运销制度,固应绝对自由,但若骤然急进,必致发生影响。稽核所对于改革事宜,向以渐进为主,现今暂采过渡办法,于民国二十一年八月,将浙东温处包商取消,实行自由贸易,于开放后,截至二十一年底止,五个月内所收税款,共达五十八万三千余元,比较未开放以前之税收计增十五万九千余元。二十二年三月,以山东临、郯、费、沂四县,自民国六年,改为东淮并销,曾经开放自由,八年,又复招商承办,由此仍归专商专运专销，每年认定之销数，既未及额，且又私自设卡，借收渔利。因将专商废除，恢复自由贸易，所有四县运销，一律改作自由区域，至扬子四岸素称弊窦最多之处，自前清同治初年，改定票商，专商复活，并于各岸设立督销局，名为官督商销，对于票商，运销盐斤，规定种种取缔方法，成为轮档之制，其于运盐，每一商人，非俟其存仓之盐，全数售尽，不准运盐到岸，各商须向运署注册，按注册之名次，定运盐之先后，依次轮推，谓之轮运。凡商人运盐到岸，须按到岸之先后，为售盐之次序，挨轮提卖，谓之轮销。此种办法，在当时定者，以为可以预防抢运抢销之害，不知手续益繁，弊窦益多，积习相沿，从未加以整理，官商借此舞弊营私，要以四岸为最甚。民国二十一年，以四岸淮盐滞销，实由于轮销所致，乃先从鄂岸试办有限制之自由贸易，以为废止轮销之初步。凡在鄂岸以内，无论何地，准许人民贩卖，向售盐处购盐，任其贩卖，实行以后，颇有成效。现已仿照鄂岸办法，推行于湘西皖三岸，此则稽核所自兼办行政以后，四岸运销，始得着手整顿之情形也。二十二年，又以淮盐行销四岸，场价岸价，向由盐务官厅悬牌规定，本以杜止竞争，预防操纵。现在情势既变，在场在岸，均因牌价限制，不能自由竞售，徒使存盐壅积，以致销数日绌，不得不设法疏销积滞，于是年四月，议定四岸淮盐，无论在场在岸，悉以规定牌价，为最高标准，准许各商在标准法定价下，自由缩减，俾得竞售。至于四岸运输，从前所运盐斤，全系淮南所产之盐。自前清末季，南产不敷销额，始于淮北开滩晒制，以济南销。故现今济南场盐，完全配销四岸。从前号称淮南四岸者，今则为淮北销区。产运情形，今昔既大不相同，则所销盐斤，自应由淮北直接轮运到岸，本属至当不易之良法。在民国十一年间，淮北分所经理，曾与扬州分所经理咨商四岸轮运办法，其时两淮运使，竭力反对，遂致事不果行。现今提倡直接轮运，成效已著，大都系由淮北产区，直运到岸，而自十二圩运往者，仍系帆运。现于废止帆运问题，正在设法。此外若鄂岸之规复郧阳荒岸，山东之奖励输出，皆是疏销工作。然根本整理，仍以改良运制为先决问题。逐渐推行，暂时则以过渡办法，以有限制之自由，以为施行新法之准备。

丙、整理缉私　缉私在前清时，并无正式组织，仅苏、浙两省，设有盐捕营，巡防太湖及扬州一带，归两江总督及苏、浙巡抚指挥管辖。所有管带统领，大都系招抚之盐枭，所驻各产区域巡丁，亦多由商人自募，谓之商巡。民国初年，始设缉私营队，其后于产场各区，增设场警，均归运使运副或榷运局节制调遣。民国十七年，财政部设立缉私处，派温应星为处长，将原隶盐务署之缉私处划出独立，并将组织扩大，以冀整顿，于各区则设缉私局，惟场警仍由运使运副节制。十八年，复将缉私局改归运使运副及榷运局管理，然虽组织屡更，终鲜效果。及至二十年三月财政部为澈底整理缉务，以裕税收起见，呈准行政院，提交国务会议，议决将各省缉私队及场警，改归稽核所管辖，于是年四、五月间，将淮、浙、苏、闽、鲁、豫及扬子四岸等属盐务缉私营队，归由稽核机关接管。即于总所内设立税警科，积极从事整顿，将各区缉私局先后裁撤，分别改组为税警局或税警课，由各分所或稽核处直接指挥，缉私队伍亦着手改编，严加淘汰，所有空额，另募新警补充。并采行区制，以专责成。且以从前缉私官佐，弊在吃空，乃励行军需独立。于是由分所派员点名发饷，上自官佐，下至士警，均发给随身执照，黏贴照片，载明到差年月，暨出身经验保证人等项，以杜虚冒。并改良士警待遇，并逐渐推行职位保障制。又派负责人员，分赴各处，随时严密视察，故种种积弊，得以革除。并为造就税警人才起见，复于松江设立税警官佐教练所，聘选军警专家，担任教官，所有毕业学生，分发各区，充任税警官佐，于各区设立税警训练所，将所有士警，轮流调所，严格训练，一湔从前腐化，私盐少，官盐得以畅销。

丁、整理税率　前清末叶，税率紊杂，名目繁多。民初一仍其旧，以致盐务日益腐败。自民二稽核所成立后，决意改良盐税，始将各种税目，一律删除，统而为一，于民国二年十二月由北京财政部，将盐税条例公布，并将衡量划一规定，以作收税及秤放盐斤之用。并因所定衡量，尚未颁布，全国盐务，暂以司码秤为衡量。此项条例，规定盐税按担征收，每百斤征税二元五角，并声明系暂时适用，一俟盐法公布后，即行废止。民国二年，又将盐税条例修正，每担征税三元，惟以各区情形不同，全国均税，一时不能实施。但于民国三、四年间，实行新税，虽扬子四岸，暨云南一区，未能按照盐税条例，每担或超过四元，或超过三元，而稽核方面，竭力主张先税后盐，始将从前欠税积弊，一扫而空。乃至民五以后，军事频兴，各省因筹备饷需，往往于正税之外，任意增加附税，以致各区税率，又变为参差不齐。近今从事整理，凡轻税区域，一律提高，重税区域，逐渐议减，其中央地方附加各税，名目繁多，难以考核。业已分别归并，凡在产区缴纳之场税及中央附税，统名之为正税，至销区缴纳之岸税及中央附税，统名之为销税，其地方加征之附税统名之为附税，惟附税过重，以致盐价昂贵，易启私盐之侵销，自应逐渐减轻附税，无如财政仍形窘乏，一时万难核减，目前办法，务在维持现状。稽核机关，综理盐务，本其固有政策，始终以划一税率，减轻盐税为宗旨，现今附税，大多数超过正税，税收虽旺，并不认为满意。当俟场产管理完善，缉私整顿见效，然后实行减税，方可试办均税，以期全国税率平等。盐税收入，当以销数为比较，销数旺则税收增，此一定之理也。近五年来，税收递增，税率加重，虽是一种原因，而销数亦极有关。即就两淮而论，如淮北近场五岸，从前都食私盐，今则官盐销数大增。淮南场私，号称难治，今则官盐销数大增，自非整理场产，与整顿缉私，曷克臻此。销盐之数，必以人口为比例，中国人口，号称四万万数千万人，盐之总销额，当可达五千万担以上，（按新市秤估计）则漏税私盐，尚实占五分之一强。果能私盐绝迹，虽不加税，而税入断无不增之理。故欲实行均税，必先整理场产管理缉私，努力工作，标本兼治，庶几私盐来源既绝，然后可将轻税提高，高税减低，以达均税之目的。

戊、革除陋规　盐务之有陋规，始于宋元时代，此种陋规，名目繁多。一曰例规，又称规费。盖皆变相之赃款而已。至前清时代，专商以盐官敲索，贿赂公开，而专商以专岸关系，亦乐于行贿。于是陋规一项，无异专商之保障，虽于雍乾年间，曾经裁革，但查出之陋规，一律归公。以墨吏之赃款，作解部之正款，既乖政体，复长贪风，旧规方裁，新规又出，商人依然照例馈送，盐官收之无愧，视为应有，盐务积弊，莫甚于此。在民国二、四年间，盐务行政当局，曾提议裁革陋规，整顿盐务，但十余年来，陋规依然存在。直至民国二十一年，财政部长宋子文，令将淮鲁等十一区盐务行政机关，改归稽核兼任。自接办后，以行政方面，从前积弊最深者，莫过于收受陋规，欲求政治清明，必以革除陋规为当务之急。即由稽核总所严令各区，将各种陋规，根本铲除。始将千余年来相沿成习之陋规，革除净尽，盐务至此，实为一大改革。

就以上四个时期而论，由开始组织而方能着手整理，由组织完备而整理始渐睹成效，其后复因停顿而重行恢复，其间变迁迭生，制度屡易，要以改组期间与恢复期间，为两大关键。溯当开办之时，适值借款交涉正在进行，其时改革盐政，声浪甚高，多主废除引岸，取消专商票权。财长周学熙，为淮南票商，为保个人票业，将盐务官制，暨整顿盐税办法，以及发给引票，皆订入借款合同之内。银行团则以中国弊习，各省盐税，任意提用，矧当民国初立，秩序未复，盐法破坏，此项税入能否足敷偿还，外人不无怀疑，须将盐务收款全数解存团银行，此债约之失败，以致盐税一项，中国政府，无自主之权。迨国民政府统一以后，财政部始将此项税权，完全收回自主，然当时因债约失败，乃牵及于官制，将整个盐务强分为行政与税收，以场产运销缉私归诸于行政，以税收放盐归诸稽核，以致事权不一，一切改革，莫由进行。然稽核所于职权范围所及如认真掣放，改良税收，尽力改革，税收得以增加。惜以场务运务缉务，以权力所不及，以致任人之因循敷衍，从未切实整顿。自恢复后，财长宋子文，锐意整顿，以稽核制度已养成整理盐务人员，为改善行政起见，先将缉务行政，归并稽核办理，此盖由于历年整理盐务之成绩，有以致之也。

盐务稽核所之略历

盐务稽核所，发轫于民国二年一月。当时北京政府为保管盐税集权中央起见，先设立盐务稽核造报所，任命蔡廷干为第一任总办。是年三月，设立奉天盐务稽核分所，四月，先后在长芦、山东、两浙、福建、广东等区，设立分所。同月二十六日，五国善后大借款在北京签订合同，聘任英人丁恩为中国盐务顾问，兼稽核总所会办。五月，设立扬州稽核分所，六月，设河东稽核分所。是月二十三日，稽核总所会办丁恩到任，九月以盐务筹备处改设盐务署，以稽核造报所改设稽核总所。是年十二月，财政部公布盐税条例十三条，其重要之点，如规定以司码秤为盐务课税衡量。至是征收盐税，始有划一准确之衡量。民国三年二月，财部公布盐务稽核总分所章程。三月设立云南分所，四月设立四川及淮北稽核分所，六月设立松江分所，十二月先后成立鄂岸稽核处，及口北、热河收税局，四年一月，设立吉黑稽核处，六月设立川北分所，七年四月，设立晋北收税局，十月设立湘岸稽核处，八年八月，设立皖岸稽核处，十一月设立西岸稽核处，九年一月，设立宜昌稽核处，十年三月，设立重庆稽核处。至是各省稽核组织，大部始告成功。至十六年七月一日，扬州、淮北、松江等区稽核机关，先后停办。至十八年一月七日,财政部长宋子文,以盐务稽核总所,系为整顿盐务,集权中央之机关,命令重行恢复,并颁布总分所章程,于七月三日,调派会计司长朱庭祺为盐务稽核总所总办,于是召集旧有工作人员,遵照新章,积极组织,各区稽核机关,先后组织成立,于是年八月一日,接收收税及秤放权,同年十月,核定各区摊还外债总额为一千零八十万元,短款由国库措足。二十年四月,部令将淮、浙、苏、闽、鲁、豫及扬子四岸等十一区盐务缉私机关,概归稽核机关接办。二十一年八月盐务稽核总所总办朱庭祺奉令兼任盐务署长,并奉令将淮、浙、苏、闽、鲁、豫及扬子四岸等十一区盐务行政机关,改由稽核人员兼任,并以其附属机关,迹近骈枝,一并裁撤。二十二年十一月,长芦区盐务行政及缉私机关,奉令归稽核机关办理,二十四年四月,四川盐务行政及缉私机关,亦奉令归稽核机关接办。现在全国各盐区,除山西、云南、两广三处外,其余各区,均已由稽核所统一办理。

附　录　三

盐　　法[1]

第一章　总则

第一条　盐就场征税，任人民自由买卖，无论何人，不得垄断。

第二条　本法称盐者，指盐及盐卤盐矿并其他盐化合物含有百分之三十以上之氯化钠者而言。

第三条　盐就其使用之目的，分左列三种。

一、食盐

二、渔盐

三、工业用盐及农业用盐

前项食盐包括酱类腌腊，及其他制食品之用盐在内。

第四条　食盐以含有百分之九十以上之氯化钠者为一等盐，含有百分之八十五以上之氯化钠者为二等盐，氯化钠未含百分之

① 此系 1931 年 5 月由南京国民政府颁布。——编者注

八十五者，不得用作食盐。

前项一等食盐所含水分不得超过百分之五，二等食盐所含水分不得超过百分之八。

第五条　渔盐以沿海之本国渔业所需用者为限，但非沿海之渔业而许用渔盐者，其区域以命令定之。

第六条　工业用盐，以左列本国工厂所需用者为限。

一、制造纯硷及其他硷类工厂

二、制造盐酸漂白粉及芒硝工厂

三、制造钠氯及其他有关钠氯之化学药品工厂

四、制造钾镁工厂

五、制造皮革工厂

六、制造颜料工厂

七、制造肥皂及提炼油类工厂

八、冶金工厂

九、制冰工厂

十、制造玻璃工厂

十一、窑业工厂

十二、造纸工厂

十三、其他工厂需用工业用盐经国民政府许可者

第七条　农业用盐，分左列三种。

一、饲畜用盐

二、选种用盐

三、肥料用盐

前项农业用盐,以本国牧畜场农事试验场及肥料制造厂所需用者为限。

第八条　盐非国民政府或受有国民政府之命令者,不得由外国输入,或由未施行本法之区域移入。

第二章　场产

第九条　盐非经政府之许可,不得采制。

制盐许可条例另定之。

第十条　产盐之场区及每年产盐之总额,政府得以全国产销状况限定之。

第十一条　盐场以其产盐数量为标准,分左列四等。

一、年产二十万公吨以上者为一等场

二、年产十万公吨以上者为二等场

三、年产五万公吨以上者为三等场

四、年产不满五万公吨者为四等场

第十二条　凡产少、质劣、成本过重、或过于零星散漫之盐场,政府认为不适当者,得裁并之。

盐场裁并时,关于原制盐人之善后办法,以命令定之。

第十三条　硝盐土盐石膏盐等,政府应分别取缔,或收买改制。

第三章　仓坨

第十四条　政府应于盐场适宜地点建设仓坨,为储盐之用,其由私人建造之仓坨,应归政府管理,或给价收归国有。

第十五条　凡制盐人制成之盐,应悉数存储政府指定之仓坨,不得私自存储。

第十六条　凡精制盐或再制盐均应在盐场内设厂制造,悉数存储政府指定之仓坨。

以已纳税之盐而再加精制者,不受前项之限制。

第十七条　盐场设置盐质检查员,凡盐存入仓坨前,应经盐质检查员之检定。

前项检查条例另定之。

第十八条　不合食盐标准之盐,应另行存储,作渔业工业农业用盐,或令原制盐人改制。

第十九条　县市卫生机关认为市售食盐不合法定标准时,得施行检验。

第二十条　盐场设置监秤员,专司仓坨储盐之出纳。凡盐无盐质检查员之检定证,不得存坨,无完税凭单或免税凭照,不得秤放。

第二十一条　仓坨管理条例另定之。

第四章　场价

第二十二条　凡由仓坨售出之盐,由场长召集全体制盐人之代表,按盐之等次及供求状况,议定场价公告之,场价有变更时亦同。

第二十三条　盐之售出,应按各制盐人之存盐总数比例摊分,但制盐人为个人而其年产不满五公吨者,得优先售出,年产不满五公吨者不止一人时,得按比例优先售出。

第五章　征税

第二十四条　食盐税每一百公斤,一律征国币五元,不得重征或附加。

第二十五条　渔盐税每一百公斤，征国币三角。

第二十六条　工业用盐农业用盐一律免税，关于免税管理方法，以规则定之。

第二十七条　前条免税用盐，应各按其用途，以购买人之费用施行变性或变色，但第六条第三款及第六款需用之盐，得令购买人提供相当保证或担保品，不施变性或变色。

盐之变性或变色，由盐质检查员于仓坨内起运前行之，变性变色方法以规则定之。

第二十八条　凡需用多量免税用盐之工厂农场，请求不施变性变色者，得由盐场公署及稽核分所分别派员驻于该工厂农场内，稽查盐之收数及用途。

第二十九条　盐副产物如苦卤卤块卤膏硝晶皺巴皻饼等一律免税，但出盐时应受盐场公署及稽核分所之检查。

第三十条　盐之包装式样得由盐政机关规定，秤放时，除实在皮重外，不得有加耗等名目。

第三十一条　由外国进口之酱油酱油精及其他调味品，除进口税外，得依其所含盐分，照食盐税率征税，并得加征倾销税。

未施行本法区域所产之盐，因特别情形许其移入者，应于移入时按同一税率征收盐税。

第三十二条　凡向盐场买盐，应先向稽核分所领取完税通知单，持向代理国库银行完纳盐税，领取完税凭证。

前项完税凭证，共分六联，一联为银行存根，一联由银行送交买盐地之盐场公署,一联送交买盐地之稽核分所,一联送交审计机关,余二联发交买盐人,由买盐人以一联向仓坨买盐,一联于经过稽查线时随盐截角放行。

第六章　盐务机关

第三十三条　中央设盐政署及稽核总所,直隶于财政部;各产盐场区设盐场公署及稽核分所,分别隶属于盐政署及稽核总所。

盐政署及所属机关,掌理盐务行政,场警编制,仓坨管理,及盐之检验收放事宜;稽核总所及所属机关,掌理盐税征收,稽查盐斤收放,及编造报告事宜。

盐政署稽核总所及其所属机关之组织,均以法律定之。

第三十四条　产盐场区应划定稽查线,配置相当之水陆场警,稽查盐之出入并保卫盐场仓坨。

前项场警归盐场公署管辖,并受稽核分所之指挥,其编制另定之。

第三十五条　盐政署及稽核总所因职务上之必要,均得设置巡察员,分赴各盐区巡察。

第三十六条　自本法施行之日起,凡非依本法设置之盐政机关稽核机关及缉私机关,应一律裁撤。

第七章　附则

第三十七条　本法公布后应设盐政改革委员会,直隶于行政院,掌理基于本法之一切盐政兴革计划,至盐政改革完成之日裁撤。

前项委员会由委员七人至九人组织之,以行政院长为委员长,财政部长为当然委员,其组织法另定之。

第三十八条　自本法施行之日起,所有基于引商包商官运官销及其他类似制度之一切法令,一律废止。

第三十九条　本法施行日期,以命令定之。

本法施行之日,边远区域有因特别情形未能施行本法者,得以命令定其区域。